Grotemeyer

169 Jahre Kaffeehauskultur in Münster

Dorothée Kerstiens Michael Kerstiens Dr. Gabriele Kahlert-Dunkel

Grotemeyer

169 Jahre Kaffeehauskultur in Münster

das Café der Maler die Rezepte

Wermeling Verlag

Bibliographische Information der Deutschen Nationalbibliothek:
Die Deutsche Nationalbibliothek verzeichnet diese Publikation
in der Deutschen Nationalbibliographie; detaillierte bibliographische Daten
sind im Internet unter http://dnb.ddb.de abrufbar.

ISBN: 978-3-9821318-0-1

Dorothée Kerstiens, Michael Kerstens, Dr. Gabriele Kahlert Dunkel
Grotemeyer
169 Jahre Kaffeehauskultur in Münster
Das Café, der Maler, die Rezepte
2. Auflage 2019

Idee, Konzept und Recherche:
Dorothée und Michael Kerstiens, Dr. Gabriele Kahlert-Dunkel
Interviews und Texte: Dorothée Kerstiens
Fotografie und Gestaltung: Michael Kerstiens
Fachlicher Rat: Konditormeister Günter Brast

Titelbild: Blick aus dem Grotemeyer auf den Erbdrostenhof
in Münster, Öl auf Karton, 40 x 50 cm, September 2019
Bernhard Scholz, Aulendorf 23, 48727 Billerbeck

Satz und Layout: Dörlemann Satz, Lemförde

Druck und Herstellung: Joh. Burlage, Münster
Klimaneutral und umweltschonend gedruckt

Klimaneutral Druckprodukt
ClimatePartner.com/11415-1811-1001

FSC www.fsc.org MIX Papier aus verantwortungsvollen Quellen FSC® C118170

LWL Für die Menschen. Für Westfalen-Lippe.

PROVINZIAL Kulturstiftung der Westfälischen Provinzial Versicherung

Mit freundlicher Unterstützung durch
die Kulturabteilung des Landschaftsverbandes Westfalen-Lippe

und

die Kulturstiftung der Westfälischen Provinzial Versicherung

Wermeling Verlag Dorothée Kerstiens
Wermelingstrasse 27, 48147 Münster
T.: 0251 380 17 78 info@wermeling-verlag.de
www.wermeling-verlag.de

Inhalt

Café Grotemeyer, Salzstr. 24, um 2010

Vorwort

«Wer ins Grotemeyer ging, betrat Räume …» schrieb der Anonymus «Professor K.» in einem leidenschaftlichen Flugblattaufruf, wenige Tage vor der Schließung des letzten Traditions-Kaffeehauses der Stadt Münster im März 2019. In diesen besonderen Räumen haben sich Generationen von Münsteranern getroffen, miteinander geredet und gefeiert. Hier gab es Zuckerbäckerkunst auf höchstem Niveau, aber auch Musik und Talkshows, Kleinkunst und Vereinstreffen. Mit seiner 169jährigen Geschichte war das Grotemeyer das älteste inhabergeführte Kaffeehaus der Stadt und einer der ältesten Familienbetriebe Münsters, im Adressbuch von 1996 / 97 in der Rubrik alter münsterscher Firmen auf Platz 12 hinter «Harenberg» gelistet.

«169 Jahre Café Grotemeyer» erzählt von kreativen und emanzipierten Frauen, von Zuckerbäckerei und Kaffeehaustradition, vom Wiederaufbau der Salzstraße nach dem Krieg und der Mitgestaltung der Stadtgeschichte als Teil der Kaufmannschaft. Davon zeugen Konzerte im Lortzingsaal, das improvisierte Märchentheater auf dem Kaffeehausdach zu Weihnachten 1949, Feste und Pralinenkreationen zu Filmpremieren. Aus privaten und öffentlichen Archiven, Interviews mit MitarbeiterInnen und ZeitzeugInnen sowie Gesprächen mit der Inhaberin Gabriele Kahlert-Dunkel entsteht ein lebendiges und bewusst sehr persönlich geschriebenes Kapitel Stadt- und Zeitgeschichte. Immer präsent: der Historien- und Portraitmaler, Illustrator und Kriegszeichner Fritz Grotemeyer, der die Geschicke des Unternehmens bis zu seinem Tod 1947 als kreativer Kopf begleitete und dessen Bilder in den Räumen des Cafés eine einzigartige Galerie fanden. Es gab wohl kaum ein zweites Kaffeehaus auf der Welt, das so viele Originale eines zur Familie gehörigen, berühmten

« Es soll nicht alles mit mir enden. Grotemeyer hat es verdient, das Herzblut und künstlerische Knowhow zeigen, das in unserer 169jährigen Geschichte steckt. Allein in der unglaublichen Kreativität von Onkel Fritz (Grotemeyer), der Zeit seines Lebens als eine Art Marketingdirektor die Geschicke des Unternehmens begleitet hat. Wir lassen die Menschen hinter den Vorhang schauen. »

Gabriele Kahlert-Dunkel

Fritz Grotemeyer. Prinzipalmarkt

Grotemeyers
Himbeer-Philadelphiatorte

Konditormeister Günter Brast,
Dorothée Kerstiens

Malers in seinen Räumen präsentieren konnte und ihnen damit eine ganz besondere Atmosphäre verlieh. Ein virtueller Rundgang durch die «Onkel Fritz» gewidmeten Themenräume des Traditionscafés im Erdgeschoss der Salzstraße (bis 2013) zeigt eine Auswahl seiner Bilder aus Privatbesitz. Ein Stadtrundgang auf den Spuren von Fritz Grotemeyer in Münster lädt zum Entdecken, Staunen und Genießen ein.

Kunstvolle Torten, zartes Teegebäck und feinste Pralinen, das handgemachte Königsberger Marzipan und die bunten Marzipanfrüchte, die Generationen von Kindern und Erwachsenen entzückt haben: nahezu jeder Münsteraner verbindet mit dem Café Grotemeyer Bilder, Geschichten, persönliche Erinnerungen und einen ganz besonderen Geschmack auf der Zunge …

Das Buch «Café Grotemeyer» präsentiert fünfundzwanzig der beliebtesten und vielfach von den Kunden nachgefragten Original-Rezepte für Kuchen, Torten, Grotemeyers «weltbestes» Teegebäck und Pralinen. Eine kleine Sensation – wurden doch alle Rezepte in der 169jährigen Unternehmensgeschichte nur mündlich von Konditormeister zu Konditormeister weiter gegeben und nun für dieses Buch aufgeschrieben!

Kriegen die Münsteraner es jetzt selbst gebacken? Ja! Denn die Autoren haben alle Rezepte aus der Profibackstube unter Privatküchen-Bedingungen getestet und fotografiert. Als Bonus gibt es Konditormeister-Tipps von Günther Brast, der vierzig Jahre in Grotemeyers Backstube «zauberte». Eine Fotostrecke illustriert, wie man die wunderbaren Marzipanfrüchte modelliert und schminkt. Ein Buch für Kaffeehausliebhaber und Hobbybäcker, für Münsterfans und Kunstfreunde und insbesondere ein Geschenk für alle Menschen, die beim Gedanken an Münsters erstes und letztes Traditions-Kaffeehaus glänzende Augen bekommen und sich gern erinnern möchten.

Kaffeehausgeschichte ist Stadt- und Zeitgeschichte

Zu allen Zeiten waren Kaffeehäuser in unterschiedlichsten Städten und Ländern die Lieblingsorte von Künstlern und Literaten sowie *der* gesellschaftliche Treffpunkt für Viele. Künstler konnten dort Menschen beobachten, sie malen oder literarischen Phantasiegestalten ein Gesicht geben. In Zeiten eigener wirtschaftlicher Not konnten sie dabei zumindest einen beheizten Raum genießen. Das Antico Caffè Greco in Rom hielt zu manchen Zeiten gar für einige Maler einen Stammplatz frei, da deren Anwesenheit das Geschäft beflügelte. Herren gingen ins Kaffeehaus, um Zeitung zu lesen, zu philosophieren, Geschäftsfreunde zu treffen oder Kontakte zu knüpfen. Damen nutzten die Bühne, um eine neue Frisur, eine Hutkreation oder ein elegantes Kostüm auszuführen. Wer früher in ein Kaffeehaus ging, der machte sich schick und fühlte sich entsprechend besonders. Man konnte stilvoll mit Freunden beisammen sein, ohne die strapaziösen Vorbereitungen einer privaten Einladung auf sich zu nehmen. Man konnte allein sein, ohne einsam zu sein, denn zu sehen gab es immer genug. Während es in einem Restaurant der Gipfel der Unhöflichkeit gewesen wäre, Menschen am Nebentisch beim Essen zu stören, ergab sich im Kaffeehaus manche Unterhaltung und mancher Kontakt von Tisch zu Tisch ganz zwanglos.

Kaffeehaustraditionen und Gewohnheiten wandeln sich – nicht nur in Münster. Die Faszination, die ein traditionelles Kaffeehaus verströmt, ist interessanterweise ungebrochen. Die Sehnsucht nach einem besonderen Ort, der die Phantasie beflügelt, ist da. Auch wenn die Touristen im ehrwürdigen

Flugblätter auf der Salzstraße

« Das alte Grotemeyer war weit mehr als ein Café, es war eine Bühne, ein Theater, eine Oper, eine Institution – mit seinen gestalteten Schaufenstern, von denen mir Freunde und Bekannte berichten, dass sie schon als Kind zu den Festtagen die Nasen daran plattdrückten, um die Nikoläuse und Osterhasen zu bestaunen, – mit seinem einladenden Entrée, gefolgt von den verschiedenen Räumen und Salons, mit Tisch- und Mitteldecken, Silber, Kronleuchtern, Tapeten, unterschiedlichem Mobiliar – und den unvergleichlichen Bildern (...) Hier lässt sich denken, miteinander sprechen und träumen. Hier ist etwas möglich, was sonst kaum mehr möglich ist: Muße.(...) »

Professor K, «Das Grotemeyer muss bleiben!»

Sehen, staunen, genießen: Im Café Central in Wien

Wiener «Café Central» – nachdem sie geduldig Schlange gestanden haben, bis sie vom befrackten Ober einen Platz zugewiesen zu bekommen – selten schicke Kleider und Hüte vorführen und noch seltener in Muße schwelgen, sondern häufig mit Selfie-Stab und Handy durch die Räume schreiten.

Wer aber sind die Menschen, die hinter den Kulissen eines traditionellen Kaffeehauses stehen? Wie schafft man es, dieses Flair des Besonderen zu schaffen, Tag für Tag? Wie ist es, in eine Familie hineingeboren zu werden, in der das halbe Leben letztlich im Kaffeehaus, im öffentlichen Raum stattfindet? Was verändert sich an der DNA einer Stadt wie Münster, nachdem das letzte Traditions-Kaffeehaus geschlossen hat? Die Inhaberin des Grotemeyer, Gabriele Kahlert-Dunkel, und viele Zeitzeugen haben für dieses Buch über ihre Erinnerungen und Gedanken gesprochen. Die daraus und aus Archivmaterial gesammelten Geschichten und Bilder erlauben einen Blick hinter den Vorhang der großen Kaffeehausbühne. Sie sind spannend, lustig, überraschend und vielfach auch berührend offen. Gleichzeitig präsentieren sie einen besonderen Ausschnitt aus 169 Jahren Münsterscher Stadt- und Zeitgeschichte und werden dadurch für viele Menschen interessant und universell. Am Anfang stehen die Erinnerungen eines berühmten Münsteraners. Er hat ein aufregendes Künstlerleben geführt, das ihn zunächst an die Königlich Preußische Kunstakademie nach Berlin und von dort um die Welt geführt hat, ohne dass er je seine Wurzeln darüber vergessen hätte: Der Kunstmaler Fritz Grotemeyer aus Münster, ein Sohn der Kaffeehausgründer Albert und Bertha Grotemeyer.

169 Jahre Grotemeyer in Münster

Aegidiistraße mit dem Haus Nummer 10 um 1936, in dem Albert Grotemeyer im Jahr 1850 sein Ladenlokal und Café eröffnete. Fritz Grotemeyer, dat. und sign. 1946, Öl auf Leinwand

Vom Stadtcafé zum Kaffeehaus nach Wiener Vorbild

Niemand kann die ersten 75 Jahre der Zuckerbäckerei und des Kaffeehauses authentischer zusammenfassen als «Onkel Fritz», wie er innerhalb der Familie bis heute liebevoll genannt wird. Als neuntes von elf Kindern des Firmengründers Albert Grotemeyer und dessen Frau Bertha Grotemeyer, geborene Westhoff, war der Kunstmaler Fritz Grotemeyer zeitlebens Berater, Zeitzeuge, Chronist, Illustrator und engagierter Werbefachmann des Unternehmens. Zum 75. Firmenjubiläum der Firma Grotemeyer und der damit verbundenen Eröffnung der Zweigstelle «Am Drubbel» im April 1925 veröffentlichte der damalige Inhaber Hugo Grotemeyer eine Festschrift mit Anzeigen sowie zahlreichen Illustrationen und einer kurzen Zusammenfassung der Firmengeschichte. Hier erschien erstmalig der Auszug aus Grotemeyers Lebenserinnerungen «Onkel Fritz erzählt», der auch in späteren Jubiläumsschriften erneut abgedruckt wurde. Wer die aus heutiger Sicht häufig eher umständlichen Formulierungen der damaligen Zeit vor Augen hat, kann ermessen, wie pointiert, humorvoll und zukunftsorientiert Fritz Grotemeyer dachte, schrieb und das Café entsprechend präsentierte. So beschreibt Fritz Grotemeyer als Zeitzeuge die ersten Jahrzehnte des Unternehmens:

Die Unternehmensgründer Bertha und Albert Grotemeyer, gemalt von Fritz Grotemeyer

Onkel Fritz erzählt:

«Im Jahre 1850 gründete mein Vater, Albert Grotemeyer, in der Aegidiistraße seine Zuckerbäckerei. Außer Kuchen, Torten, Plätzchen, Löwenpattken, Spekulatius und Marzipan waren auch Wecken, Brötchen und vor allem Zwieback, holländische Beschüten und Bretzeln an der Tagesordnung. Besonders die drei letztgenannten Backwaren bildeten geradezu einen Exportartikel, und täglich wurden viele Blechkisten davon den Fuhrleuten von außerhalb mitgegeben. Dann gab's bei Grotemeyer auch den berühmten «Sendenhorster ollen Klaoren», und dieser wurde sowohl von der bürgerlichen Nachbarschaft als auch von den älteren Offizieren der «Dreizehner» am Ausschank viel begehrt.

Mütterchen Bertha stammte, wie der Branntwein, auch aus Sendenhorst, und der Korn kam aus ihrem elterlichen Westhoffschen Hause in den Grotemeyerschen Keller. Die Familie wuchs schnell. Nach 14 Jahren erschien ich als neunter in der Reihe an einem schönen Sommersonntag, Punkt 12 Uhr mittags. Und auf diesen gut gewählten Zeitpunkt bilde ich mir nicht wenig ein. Nach weiteren vier Jahren kam noch ein Zwillingsbubenpärchen hinterhermarschiert, und damit hätten wir beinahe das Dutzend voll bekommen.

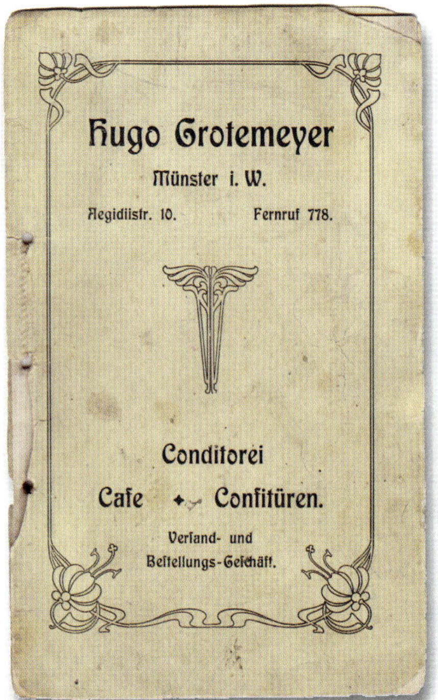

Die Karte des Cafés um die Jahrhundertwende

Das Infanterieregiment Nummer 13 entstand 1813 als 1. Reserve-Infanterie-Regiment. Die Kaserne der Dreizehner lag in Sichtweite des Gründerhauses

Geschäftshaus Aegidiistrasse 10 zu Anfang des 20. Jahrhunderts

Wer Hände hatte zum Arbeiten, musste fest zugreifen in Backstube und Haushalt, denn viele Mäulerchen waren zu stopfen. Das Geschäft entwickelte sich ausgezeichnet, trotz Vater Grotemeyers Gegnerschaft gegen zeitgemäße Neuerungen. Als dann mein Bruder Wilhelm das Geschäft übernahm, blieb ihm hierfür ein weites Feld. Er starb aber schon im besten Mannesalter. Seine Witwe, Gertud, geb. Wieler, stammte ebenfalls aus Sendenhorst. Sie führte das Geschäft noch einige Jahre weiter, bis sie es im Jahre 1912 an Hugo Grotemeyer, einen Großneffen meines Vaters verkaufte.

Damit beginnt nun eine Periode des Aufstiegs. Hugos Frau, eine Schultentochter Lohoff aus Metelen, besitzt eine enorme Geschäftstüchtigkeit, und hauptsächlich ihrer Tätigkeit in der Organisation wie im Ladengeschäft und daran angeschlossenen Kaffeehausbetrieb ist es zu verdanken, daß heute die alte Firma Grotemeyer eine führende Rolle im westfälischen Konditoreigewerbe spielt. «Wer kein Geld ausgeben kann», sagt sie, «kann auch keins einnehmen. Also immer nur das teuerste und beste Rohmaterial verwandt und damit die beste Ware geschaffen, das bringt uns die Käufer von selbst ins Haus.»

Die Räume des Hauses Ägidiistraße erwiesen sich nun bald als zu klein für den gesteigerten Betrieb. Hugo erwarb den altberühmten früheren «Gasthof zum Schwan» in der Salzstraße, dazu als Hinterhaus das Gebäude des Tüshausschen Festsaales für seine Konditorei und ein Kaffeehaus. Den eigentlichen Festsaal richtete er als vornehmen Konzertsaal, den Lortzingsaal, ein. Dieser hat einige Zeit wirklich kunstverständigen Besuchern Stunden edelsten Musikgenießens geboten. Infolge der Nichtbestätigung der von der Vorinstanz zugebilligten Schankkonzession war dieses ideale Unternehmen auf die Dauer finanziell nicht haltbar, und der Lortzingsaal musste anderen Zwecken dienstbar gemacht werden. Das Hauptgewicht liegt jetzt in der Herstellung der feineren Konditoreierzeugnisse, wie der von Pralinen und Marzipan und der Festzuckerwaren zu Weihnachten, Ostern usw. Als in der vergangenen Karwoche der neue Laden am Drubbel aufgemacht wurde, war der Erfolg im

« Albert Grotemeyer hielt fest am Alten, das er in seiner Bewährung als richtig erkannt hatte, und war wenig geneigt, durch die Zeitverhältnisse gebotene Neuerungen einzuführen »

Peter Werland: Festschrift.
100 Jahre Grotemeyer. 1950

Salzstr. 24 (Weisser Schwan)

Ostergeschäft so durchschlagend, daß in keinem der Grotemeyerläden noch Osterware übriggeblieben ist.

Über diese tüchtige Weiterentwicklung eines väterlichen Geschäfts bin ich natürlich sehr erfreut und da auch die junge Familie es in neun Jahren auf sieben «kleine Grotemeyers» gebracht hat, so wünsche ich derselben, wie dem ganzen Hause, aus vollem Herzen
Ein kräftiges
Vivat, crescat, floreat!»

April 1925, Festschrift «75 Jahre Grotemeyer»

De Buer in Mönster

In der Festschrift wird auch die auf Plattdeutsch gereimte und von Fritz Grotemeyer mit Rötelstift gezeichnete Geschichte vom «Buer», vom Bauern, erzählt, der mit der Straßenbahn in die Stadt fährt und den Schupo fragt, wo er denn in dieser Stadt den besten Kaffee bekomme. Natürlich wird ihm der Weg zu Grotemeyer gewiesen, wo der Buer, von der Auswahl überwältigt, Kuchen und Torten bestellt, bis sich die Tische biegen.

… Könnt Se, Herr Schupo, mi wull seggen
Wao ik hier krieg in düsse Stadt
Den besten Kaffee wull apatt?

Ja, sägg de Schupo, lieber Mann
Den Rat ich Ihnen geben kann,
Den besten Kaffee und nicht teuer
Den trinken Sie bei Grotemeyer,
Gehn Sie nur immer gerade aus
Dann finden Sie das Kaffeehaus!

De Buer gonk un mok auk bold
Vör Grotemeyers Laden holt.
Un aß he in den Laden tratt,
Dao waß vör Wünnern he ganz platt.
He reip: «wu kann man sökke Saken
Ut Miähl und Zucker denn bloß maken,
Dat süht ja all`s so lecker ut,

Dat Water löpp mi üm de Schnut.
«He Freilein, reip he, breng me gau
N Köppken Kaffee, ik bin flau,
Un breng mi Plätzkes, Stück off seß
Un wat du süß in Huse häß, …

… De Buer att gans furchtbar gierig
Den halven Kokenladen lierig,
Dann nam he noch sin Taskendok
He hat nich brukt, he was so klok

… Un aß he wie'r an'n Bahnhof waß,
da ha he gans unüesel Spaß.
Un sagg – konnt auk wull anners sien? –
«Wat waßt bi Grotemeyers fien!»

75 Jahre Zuckerbäckerei Grotemeyer Münster i. W. Kaffeehäuser Salzstr. 24 und am Drubbel.
Teilansicht des roten Saales im Kaffeehaus am Drubbel, Roggenmarkt 16

« Zu Inflation und Mangel während des 1. Weltkriegs: Chronikeintrag des Stadtarchivars Dr. Eduard Schulte vom 09. Februar 1918:
«(…) Ein Sack Mehl kostet jetzt 300 Mark.». »

Stadtarchiv Münster. Kriegschronik online 1914-1918. 1918 – Versorgung. Mangel

Die Schaufenster mit üppiger Auswahl an Bonbonnieren, Pralinen und Marzipanfrüchten, die Beschreibung der bestellbaren Torten und Gebäcke – im Café dargereicht als «bunte Schüsseln» – ließen keine Wünsche offen. Und das, obwohl die Nachwehen des 1. Weltkriegs mit immens hoher Inflation zu dieser Zeit in Münster noch präsent waren, wie ein Satz auf der Grotemeyerschen Speisekarte zeigt: «Größtenteils wieder Friedenspreise».

Der Hinweis auf die größte Auswahl und die billigsten Preise auf der Grotemeyerschen Karte wies Richtung Konkurrenz: Mit der Filialeröffnung am Drubbel rückte Grotemeyer auch räumlich ein ganzes Stück näher an den Konkurrenten Otto Schucan heran, der seinen Konditoreibetrieb seit 1894 auf dem Prinzipalmarkt 25 vis à vis des Rathauses führte. Auch am Drubbel wurden Bilder von Fritz Grotemeyer im sogenannten «Münsterschen Poetenwin-

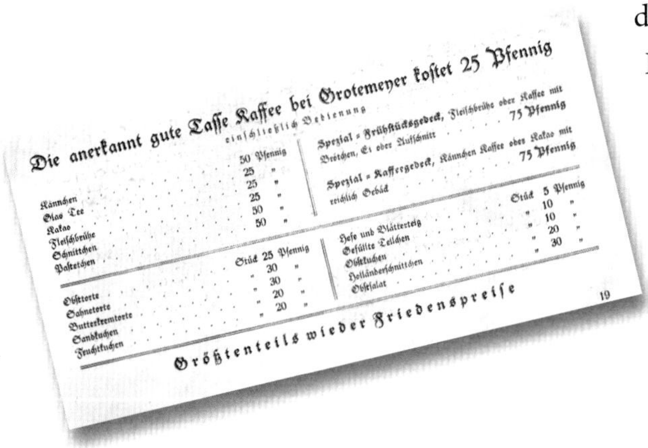
Die anerkannt gute Tasse Kaffee bei Grotemeyer kostet 25 Pfennig
einschließlich Bedienung

Kännchen	50 Pfennig
Glas Tee	25 "
Kakao	25 "
Fleischbrühe	25 "
Schnittchen	50 "
Pastetchen	50 "

Spezial-Frühstücksgedeck, Fleischbrühe oder Kaffee mit Brötchen, Ei oder Aufschnitt . . . 75 Pfennig

Spezial-Kaffeegedeck, Kännchen Kaffee oder Kakao mit reichlich Gebäck . . . 75 Pfennig

Obsttorte	Stück 25 Pfennig
Sahnetorte	" 30 "
Butterkremtorte	" 30 "
Sandkuchen	" 20 "
Fruchtkuchen	" 20 "

Hefe und Blätterteig	Stück 5 Pfennig
Gefüllte Teilchen	" 10 "
Obstkuchen	" 10 "
Holländerschnittchen	" 20 "
Obstsalat	" 30 "

Größtenteils wieder Friedenspreise

19

Gruß aus dem Kaffeehaus am Drubbel der Zuckerbäckerei Grotemeyer Münster i. W.
Der Poetenwinkel mit den Bildern Münsterscher Dichtergrößen

Zu Beginn der zwanziger Jahre setzte sich die Geldentwertung explosionsartig fort und wurde erst durch die Währungsreform im November 1923 mit Einführung der Rentenmark aufgelöst.

kel» ausgestellt. Ein Kaffeehaus, das die Bedeutung öffentlicher Räume für Künstler und ihr kreatives Schaffen ins Bewusstsein rückte, entsprach dem Geist der zwanziger Jahre, war aber für Münster neu und modern. Die Benennung spielt auch auf Fritz Grotemeyers intensive Freundschaft mit dem Dichter Hermann Löns an, der zwischen 1884 und 1891 in Münster lebte. Löns' Jugendgedichte wurden von Fritz Grotemeyer illustriert. Löns schenkte ihm seine Urschrift, die Grotemeyer später der Stadt Münster übereignete.

Die Geschicke des Stammhauses und der Filialen lagen ab 1912 vor allem in den Händen dreier starker Frauen. Die Weichen dafür stellte Antonia (Toni) Grotemeyer.

Der Drubbel in Münster, Fritz Grotemeyer, signiert und datiert 1942, Öl auf Leinwand

Antonia Grotemeyer,
Portrait von Fritz Grotemeyer

Drei Generationen starker Unternehmerinnen

Antonia Grotemeyer – Die Chefin

Antonia Grotemeyer wird von Fritz Grotemeyer als maßgeblich für den Aufstieg und Erfolg des Kaffeehauses beschrieben. Noch einmal zurück ins Jahr 1912: Hugo und Antonia Grotemeyer heirateten im September 1912. Bereits am 1. Oktober 1912 übernahm der gelernte Konditor Hugo die Firma an der Aegidiistraße. Antonia war von Anfang an mit ausgeprägtem Geschäftssinn an seiner Seite. Mit ihrem Geschmack und Stilgefühl traf sie offenbar den Zeitgeist. Das Geschäft entwickelte sich so gut, dass Hugo wenig später auf dem Grundstück Salzstraße 24 (ehemals Gasthaus «Zum Schwan») gegenüber vom Erbdrostenhof zunächst einen Filialbetrieb einrichtete, der nach und nach erweitert wurde. Das bisherige Stammhaus auf der Aegidiistraße verkaufte er an ehemalige Angestellte.

Hugo Grotemeyer,
Portrait von Fritz Grotemeyer

Hochzeitsfoto von Hugo und Antonia Grotemeyer

Weit mehr als ein Café:
Konzerte im alten Lortzingsaal

« Grotemeyers Lortzingsaal hat eine bedeutende Rolle im Kunstleben der Stadt gespielt. »

Münsterscher Anzeiger, Juli 1952

Bereits 1918, bei Kriegsende, erwarb Hugo mit dem hinter dem Kaffeehaus Salzstraße liegenden Gebäude einen zweigeschossigen gotischen Saal und baute ihn, wieder unter Beratung von Fritz Grotemeyer, zum Kammerkonzertsaal um. Das Konzept – in gediegener Atmosphäre, unter hohen Decken zwischen großen Bogenfenstern mit eleganten Vorhängen, an bequemen Tischen mit feinen, gestärkten Tischdecken zu sitzen, Gutes zu genießen und dabei Kammermusik zu lauschen – wurde von der Münsterschen Gesellschaft sehr gern und gut angenommen. In einer Sache hatte sich Hugo allerdings verspekuliert: er erhielt für den Lortzingsaal, anders als für den Kaffeehausbetrieb, keine Konzession zum Ausschank alkoholischer Getränke. Der Betriebszweig rechnete sich nicht und wurde bald eingestellt. Der Lortzingsaal wurde bis auf weiteres anderweitig genutzt.

Der alte Lortzingsaal 1920

Zu Festlichkeiten, Kränzchen, Namens- und Geb…

Kirsch-, Stachelbeer-, Aprikosen- und Ananastorten . . . . von 2,50 Mark an
Sahne und Sahnekrem, wie Schwarzwald, Fürst Pückler und viele andere . . . . . . von 3,— Mark an
Holländer, Grilloge, Caracas usw. von 3,— Mark an
Butterkremtorten, wie Ananas, Nugat, Krokant, Mecca, Schokoladen, Nuß, Himbeer . . . von 3,— Mark an
Alle Fassontorten: Kränze, Baumstämme, Damebrett, Kissen, Hufeisen, Pyramiden, Aufsätze in jeder Preislage
Bunte Schüsseln zum Kaffee, Tee od. Wein v. 1,50 M. an
Täglich frisch sind alle Backwaren und Pralinen
Klein-Gebäck . . 5 Pfennig, 10 Pfennig, 20 Pfennig
Kränze, Schoten . . . . 40 „
Rodon-Flechten . . . .

Versand frei Haus!

«Wenn die Wände wackelten, sprang einer zur Kristallschale»:

Café Grotemeyer, 30er Jahre

Von den Entbehrungen des 1. Weltkriegs erholte sich das Unternehmerpaar vergleichsweise schnell. Nach Kriegsende, Anfang 1919, musste das Café nach einer Plünderung durch ehemalige Soldaten für 14 Tage schließen. Doch in den zwanziger Jahren ging es auf der Salzstraße und schließlich am Drubbel stetig aufwärts. «Größtenteils wieder Friedenspreise» stand auch 1930 noch auf Grotemeyers Karte. Die «anerkannt gute Tasse Kaffee bei Grotemeyer» kostete zu diesem Zeitpunkt 25 Pfennig, ein Spezial-Kaffeegedeck, das Kännchen Kaffee oder Kakao mit reichlich Gebäck 75 Pfennige. Ganze Obsttorten waren ab 2,50 Mark zu bestellen. Das Teegebäck, das im Café in Schüsseln, außer Haus in Kartons präsentiert wurde, war auch zu dieser Zeit bereits eine Spezialität, die hervorgehoben wurde. Als Sonderbestellungen wurden die sogenannten Fassontorten in jeder erdenklichen Form und Größe angeboten.

Bereits wenige Jahre später, mit Beginn des 2. Weltkriegs, wurden die Zeiten stürmisch. Sechsmal wurde das Café

Salzstraße 24 um 1915

Grotemeyer im zweiten Weltkrieg von Bomben getroffen. Gleich beim ersten Bombenangriff 1941 wurden Teile des Cafés zerstört. Immer wieder wackelten die Wände. Die Familie hielt auch mit durchlöchertem Dach den Betrieb aufrecht. Man sprach vom «Dröppel-Café», da bei schlechtem Wetter Regenschirme aufgespannt werden mussten. Bei einem nächsten Angriff im Herbst 1941 brannte der Lortzingsaal komplett aus. Am 05. Oktober 1944, Hugos und Tonis Tochter Annelie feierte ihren 26. Geburtstag mit einem Kinobesuch, wurde das Vorderhaus schließlich vollständig zerstört. Nachdem auch eine Behelfswohnung auf der Gartenstraße ausgebombt wurde, flüchteten Hugo und Antonia mit Annelie zu Fuß nach Ibbenbüren. Schon im Frühjahr 1945 kehrten sie zurück und begannen, die Trümmer zu beseitigen. Auf der Rückseite der Salzstraße, in Richtung der damaligen Telgter Straße, entstand ein Not- und Behelfsbetrieb, der am 8. Oktober 1945 eröffnete. Der Wiederaufbau des Stammhauses dauerte Jahre.

Eine Kristallschale, die heute wie damals stets mit den edlen Grotemeyerschen Marzipanfrüchten gefüllt ist, hat die Kriegszeiten überdauert. Immer, wenn bei Bombenangriffen die Wände wackelten, schrie jemand: «Die Kristallschale» und rannte zur Anrichte, um die Schale zu schützen.

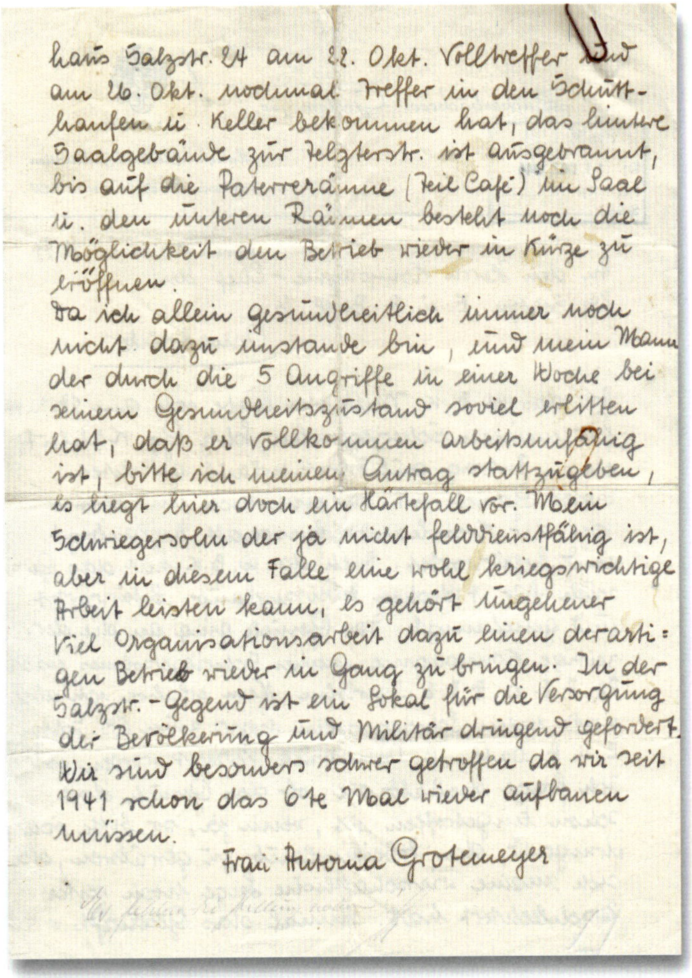

haus Salzstr. 24 am 22. Okt. Volltreffer und am 26. Okt. nochmal Treffer in den Schutthaufen u. Keller bekommen hat, das hintere Saalgebäude zur Telgterstr. ist ausgebrannt, bis auf die Paterreräume (Teil Café) im Saal u. den unteren Räumen besteht noch die Möglichkeit den Betrieb wieder in Kürze zu eröffnen.

Da ich allein gesundheitlich immer noch nicht dazu imstande bin, und mein Mann der durch die 5 Angriffe in einer Woche bei seinem Gesundheitszustand soviel erlitten hat, daß er vollkommen arbeitsunfähig ist, bitte ich meinen Antrag stattzugeben, es liegt hier doch ein Härtefall vor. Mein Schwiegersohn der ja nicht felddienstfähig ist, aber in diesem Falle eine wohl kriegswichtige Arbeit leisten kann, es gehört ungeheuer viel Organisationsarbeit dazu einen derartigen Betrieb wieder in Gang zu bringen. In der Salzstr.-Gegend ist ein Lokal für die Versorgung der Bevölkerung und Militär dringend gefordert. Wir sind besonders schwer getroffen da wir seit 1941 schon das 6te Mal wieder aufbauen müssen.

Frau Antonia Grotemeyer

Wie führte man eine Zuckerbäckerei in Mangelzeiten, in denen die notwendigen Zutaten doch nur gegen knappe Bezugsmarken erhältlich waren? Antonias Enkelin, Gabriele Kahlert-Dunkel, führt das unter anderem auf die akkurate Buchhaltung ihrer Familie zurück: «Wir waren nicht so schlecht dran, was die Rationierungen betraf. Die Zuckerbäckerei wurde als kriegswichtiger Betrieb eingestuft. Wir haben davon profitiert, dass wir alle Vorkriegs-Einkäufe für Butter, Sahne, Eier etc. nachweisen konnten – und die Zuteilung der Bezugsmarken orientierte sich an diesem früheren Einkaufsbedarf.» Die Kuchenauswahl war zu Kriegszeiten natürlich vergleichsweise beschränkt, man musste gucken, was man aus dem Vorhandenen zaubern konnte. So manches kreative Rezept mag sich genau daraus

Salzstr. 24 vor der Zerstörung,
Zeichnung von Fritz Grotemeyer

entwickelt haben. Das Credo der Grotemeyers lautete aber schon damals: «Butter, Sahne, Eier – das sind die Komponenten, die man unbedingt braucht, und damit muss man großzügig umgehen, dann kriegt man alles hin.» Nach dem Krieg hatten auch die Besatzer im zerstörten Münster ein Interesse an der Wiedereröffnung des Betriebs – denn auch sie wollten gern Kuchen essen …

An ein Schwarzmarkterlebnis aus Kriegszeiten erinnert sich Gabriele Kahlert-Dunkel aber doch, da es in der Familie immer wieder erzählt wurde. Es war im Krieg ganz schwierig, an Zucker zu kommen. Und dann wusste irgendjemand: da und dort gibt es Zucker auf dem Schwarzmarkt. «Mein Vater, der immer sehr schmächtig war, hielt diesen 25 kg Sack Zucker auf einer abenteuerlichen Bahnreise selbst schlafend umarmt, um ihn bloß nicht zu verlieren. Stolz kam er nach den Strapazen mit dem schweren Sack zu Hause an, den er unter Einsatz seines Lebens ergattert hatte – und dann die Riesen-Enttäuschung: nur die oberen 10% waren Zucker. Darunter war Salz …»

« Die Bezugsmarken orientierten sich an den früher nachweislich eingekauften Materialien und Rohstoffen. »

Gabriele Kahlert-Dunkel

« Mein Vater hielt diesen 25 kg Sack auf der gefährlichen Reise selbst schlafend umarmt, um ihn bloß nicht zu verlieren. »

Gabriele Kahlert-Dunkel

Fronleichnamsprozession auf der zerbombten Telgter Strasse vor den Trümmern des ehemaligen Caféhauses bzw. der Backstube. Im Hintergrund ist ein Bogen des ausgebrannten Lortzingsaals erkennbar.

Einzug des Kardinals Clemens August Graf von Galen am 16. März 1946 in das zerstörte Münster, Fritz Grotemeyer, dat. und sign. 1946, Öl auf Karton. In Privatbesitz. Siehe Stadtrundgang S. 166/S. 173.

Fritz Grotemeyer verarbeitete die Zerstörung seiner Heimat und des Kaffeehauses in einem seiner berühmten Gemälde, dem Einzug des Kardinals Graf von Galen in das zerbombte Münster nach seiner Ernennung zum Kardinal in Rom. Im Hintergrund sieht man die Ruinen des Erbdrostenhofs und des Kaffeehauses. Auf den Trümmern stehen winkende und jubelnde Menschen, genau dort, wo Fritz Grotemeyer früher oft (im Obergeschoss) der Salzstraße 24 saß und malte, wenn er in Münster war. 1946 vollendet, ist es eines von Grotemeyers späten und letzten großen Gemälden.

Wiedereröffnung 1949

Als das Café Grotemeyer im September 1949 auf der Salzstraße neu eröffnete, überschlugen sich Besucher und Presse vor Begeisterung. Es war nicht nur ein Meilenstein für die Familie nach harten Jahren des Wiederaufbaus. Es war auch ein Meilenstein für die Wiederbelebung der Salzstraße und die gesamte Innenstadt. Das Grotemeyer war das erste große Caféhaus, das nach dem Krieg und nach vollständiger Zerstörung wieder eröffnete. Münsters ältestes Kaffeehaus in Familienbesitz, das mit der Wiedereröffnung auf der Salzstraße gleichzeitig auf eine hundertjährige Geschichte zurückblickte, erstrahlte in neuem Glanz – schöner und sogar größer als zuvor, da durch Zukauf eines 80qm Grundstücks an der Arztkarrengasse eine durchgehende Verbindung von der Salzstraße zur Arztkarrengasse und Telgter Straße geschaffen worden war. Die neu geordneten Räume waren auch eine Hommage an die unterschiedlichen Schaffensperioden von Onkel Fritz, der 1947 verstorben war und den großen Tag nicht mehr miterlebte. In den Galerieräumen blieb er überall präsent. Der Neue Westfälische Kurier vom 12. September 1949 titelte «Grotemeyer in alter und neuer Schönheit. Ein Meisterwerk der Raumgestaltung» und zitierte Ober-

Der Ladenraum des Grotemeyer nach der Wiedereröffnung 1949

554/40 erhalten 3/12.46

СОЮЗ ОБЩЕСТВ КРАСНОГО КРЕСТА и КРАСНОГО ПОЛУМЕСЯЦА
СССР
Почтовая карточка военнопленному
Carte postale au prisonnier de guerre
Кому Destinataire RUDI GROTEMEYER
USSR MOSKAU

13.10.46
Lieber Rudi! Wie lange haben wir auf diese
Nachricht von Dir gewartet. Wie froh sind wir nun
auch von Dir zu wissen, daß Du lebst. Jorg kam
als erster zurück, dann Paul aus Italien u. Walter
im März 46 aus Frankreich. Alfred ist noch in England
u. Fritz in Belgien. Nun warten wir täglich daß
Ihr gesund zurück kommt. Im Juni 45 haben Jorg
u. ich geheiratet. Das Geschäft läuft wieder gut.
Privat wohnen wir in der Erphostr. 26 wo früher
der Garten war. Münster ist sehr zerstört. Wir
haben vor Schluß noch einen Monat im Hause
Kußmann Gartenstr. 43 gewohnt wo wir aber
auch noch am Palmsonntag einen Volltreffer
bekamen. Wir wollen auf Gott vertrauen und
hoffen daß Du u. Alfred u. Fritz bald wieder nach
Hause kommen. Herzlichste Grüße von Vater, Mutter,
Walter, Paul, Jorg u. Annelie

Feldpost: Brief von Annelie an ihren Bruder Rudi, 1946

bürgermeister Boyer aus seiner Glückwunschansprache. Die «fieberhaften Wiederaufbauanstrengungen» der Münsteraner hätten gerade noch im Kreis internationaler Hochschullehrer in Münster höchstes Lob gefunden.

Paul Grotemeyer hob hervor, dass der Wiederaufbau ohne die unermüdlichen Anstrengungen seiner Eltern, seiner Schwester Annelie und der Angestellten, Männer wie Frauen, nicht gelungen wäre. Während Annelie ihre Mutter im Betrieb unterstützte, waren ihre Brüder in der Kriegsgefangenschaft in alle Welt verstreut. Sie kamen ab 1945 aus englischer, französischer, belgischer, amerikanischer und russischer Kriegsgefangenschaft zurück. Entsprechend spät hatten sie mithelfen können, den meterhohen Schutt aus dem zerbombten Haus zu tragen.

« Zwischen 1945 und 1947 sind fünf Brüder meiner Mutter aus der Kriegsgefangenschaft nach Hause gekommen. Alle waren froh und dankbar!
Und die Familie meines Vaters flüchtete aus Oberschlesien. Tante Elli mit ihrer Tochter Annemie und Tante Seffi, Schwestern meines Vaters, haben lange im Geschäft mitgearbeitet. Die kamen und man rückte zusammen, irgendwo wurde Platz geschaffen. Und sie haben alle mit angefasst. »

Gabriele Kahlert-Dunkel

An die 200 Rosen wurden morgens in niedrigen Kristallschalen arrangiert und auf den Tischen verteilt. Anfangs pflanzte und pflückte Toni Rosen im Garten der Behelfswohnung auf der Erphostraße, später mietete sie Flächen, auf denen je nach Jahreszeit Rosen und Dahlien für die Tische des Cafés gepflanzt wurden. Man saß in bequemen Sesseln und niedrigen Tischen in Wohnzimmeratmosphäre – umgeben von den Gemälden des Kunstmalers Fritz Grotemeyer. In einer Zeit des Wiederaufbaus, in der Wohnraum knapp, die Zerstörung des Krieges noch allgegenwärtig war und in der alle eher beengt lebten, atmete man im Café Grotemeyer einen Hauch von Luxus und Hoffnung auf Zukunft.

« Es mag elegantere, gewiß auch modernere Cafés geben. Aber eben diese ganz besondere sehr persönliche und heimelige Note ist uns bislang nirgendwo begegnet. (...)

Gipfel der Gastlichkeit scheint uns jedoch das entzückende Biedermeier-Zimmer zu sein, mit feinem Kronleuchter aus Porzellanblumen, seinen kleinen Wandspiegeln, den Möbeln mit biedermeierlichen Überzügen und den «seidenen» Tapeten ...
In diesem Raum ist man wirklich ganz zu Hause, und die Hausfrau mag ebenso wie die berufstätige Frau Besprechungen und Treffen in diesem Zimmer als ihre sehr persönliche Einladung geniessen. »

100 Jahre Münsterscher Anzeiger – 100 Jahre Münster. 1.Juli 1952 Verfasser: M.C.

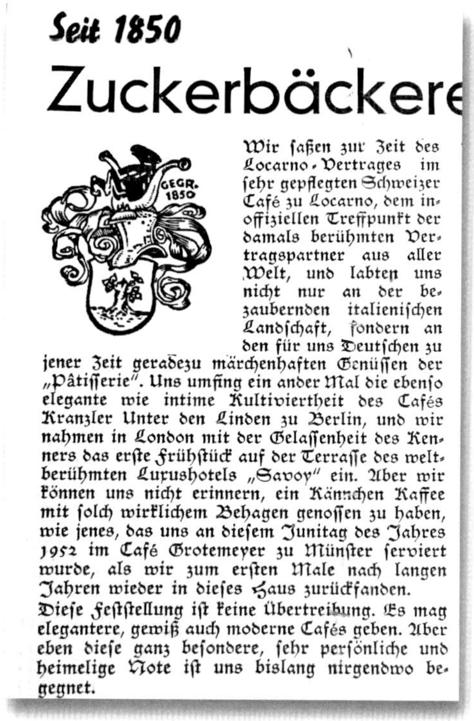

Seit 1850

Zuckerbäckere

GEGR. 1850

Wir saßen zur Zeit des Locarno-Vertrages im sehr gepflegten Schweizer Café zu Locarno, dem inoffiziellen Treffpunkt der damals berühmten Vertragspartner aus aller Welt, und labten uns nicht nur an der bezaubernden italienischen Landschaft, sondern an den für uns Deutschen zu jener Zeit geradezu märchenhaften Genüssen der „Pâtisserie". Uns umfing ein ander Mal die ebenso elegante wie intime Kultiviertheit des Cafés Kranzler Unter den Linden zu Berlin, und wir nahmen in London mit der Gelassenheit des Kenners das erste Frühstück auf der Terrasse des weltberühmten Luxushotels „Savoy" ein. Aber wir können uns nicht erinnern, ein Kännchen Kaffee mit solch wirklichem Behagen genossen zu haben, wie jenes, das uns an diesem Junitag des Jahres 1952 im Café Grotemeyer zu Münster serviert wurde, als wir zum ersten Male nach langen Jahren wieder in dieses Haus zurückfanden.
Diese Feststellung ist keine Übertreibung. Es mag elegantere, gewiß auch moderne Cafés geben. Aber eben diese ganz besondere, sehr persönliche und heimelige Note ist uns bislang nirgendwo begegnet.

«Münsterscher Anzeiger»
vom 1.7.1952

Blick ins Biedermeierzimmer

« «Ohne die Mitarbeiterinnen und Mitarbeiter, insbesondere ohne die Frauen der Mitarbeiter, hätte der Wiederaufbau nicht gelingen können. »

Paul Grotemeyer
zur Wiedereröffnung 1949

Wer ins Grotemeyer ging, betrat Räume …

Die Kaffeehaus-Galerie des berühmten Malers Fritz Grotemeyer

Das Café Grotemeyer war ab 1949 nicht nur eine lebendige Gedächtnisstätte für Fritz Grotemeyer, es war als solche auch eine einzigartige Galerie mit zahlreichen Bildern aus Familienbesitz. Darunter befanden sich viele Gemälde mit Münsterbezug, die thematisch gruppiert waren und entsprechend namentlich gekennzeichnet wurden.

Der Grundriss zeigt die Verbindung des vorderen Verkaufsraums mit dem Orientraum, so benannt nach Fritz Grotemeyers Schaffensperiode als Kriegsmaler. Von dort erreichte man den mittleren Stuckraum «Altmünster» mit Altmünster-Motiven von Fritz Grotemeyer. Sehr markant war das 1946 vollendete Gemälde vom Send auf dem Domplatz (Abb S. 36), an den sich viele Münsteraner noch lebhaft erinnern werden sowie jenes vom Einzug des Kardinals in Münster (Abb S. 26). Mit einer Stufe erhöht lag dahinter der Theaterraum, der gleichzeitig Fenster zum hinteren Gebäudeteil hatte. Fritz' Frau Else Grotemeyer fand hier mit dem großen Portrait, das sie sehr elegant mit bodenlanger Robe und Hut zeigt, ihren Platz. Else erlebte im Gegensatz zu ihrem Mann die Wiedereröffnung mit und besuchte das Grotemeyer bis zu ihrem Tod 1963 fast täglich. Eine Gruppierung verschiedener Portraits zeigte Persönlichkeiten aus dem gesellschaftlichen Leben.

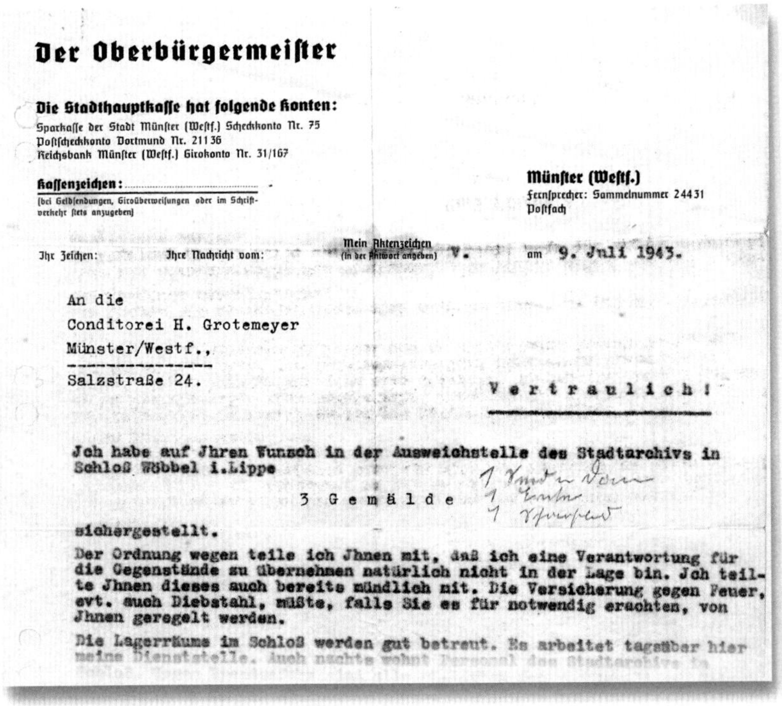

Der Oberbürgermeister

Die Stadthauptkasse hat folgende Konten:
Sparkasse der Stadt Münster (Westf.) Scheckkonto Nr. 75
Postscheckkonto Dortmund Nr. 21136
Reichsbank Münster (Westf.) Girokonto Nr. 31/167

Kassenzeichen: ....
(bei Geldsendungen, Giroüberweisungen oder im Schriftverkehr stets anzugeben)

Münster (Westf.)
Fernsprecher: Sammelnummer 24431
Postfach

Ihr Zeichen: Ihre Nachricht vom: Mein Aktenzeichen (in der Antwort angeben) V. am 9. Juli 1943.

An die
Conditorei H. Grotemeyer
Münster/Westf.,
Salzstraße 24.

V e r t r a u l i c h !

Jch habe auf Jhren Wunsch in der Ausweichstelle des Stadtarchivs in Schloß Wöbbel i.Lippe

3 G e m ä l d e

sichergestellt.

Der Ordnung wegen teile ich Jhnen mit, daß ich eine Verantwortung für die Gegenstände zu übernehmen natürlich nicht in der Lage bin. Jch teilte Jhnen dieses auch bereits mündlich mit. Die Versicherung gegen Feuer, evt. auch Diebstahl, müßte, falls Sie es für notwendig erachten, von Jhnen geregelt werden.

Die Lagerräume im Schloß werden gut betreut. Es arbeitet tagsüber hier meine Dienststelle. Auch nachts wohnt Personal des Stadtarchivs in

Unter strenger Geheimhaltung wurden Gemälde von Fritz Grotemeyer während des Krieges ausgelagert

ARZTKARRENGASSE

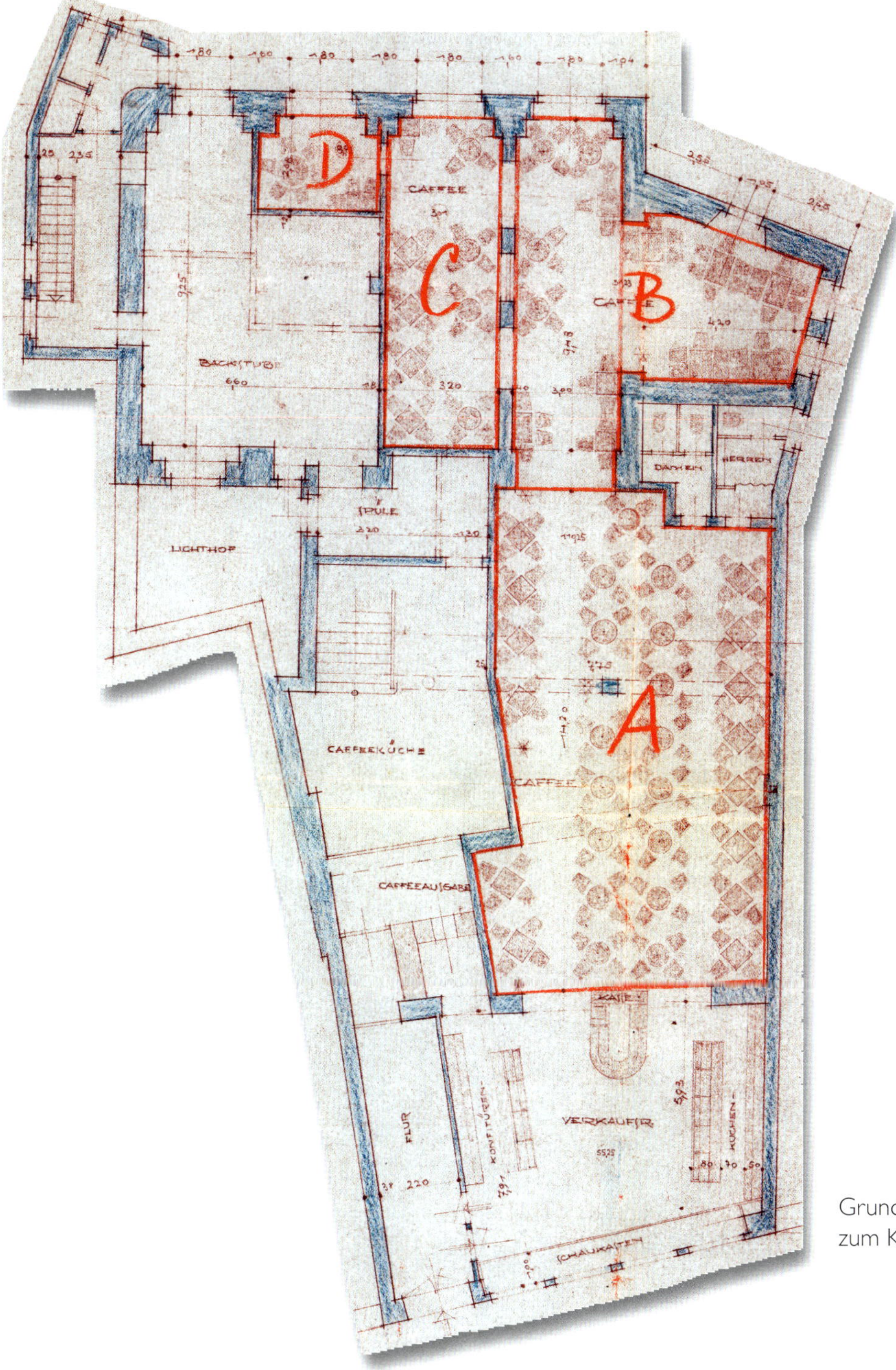

SALZSTRASSE

Links anschließend der sogenannte Poetenwinkel, in dem Annette-von-Droste-Hülshoff und Hermann Löns von zahlreichen Künstler-Kollegen umgeben waren. Vom Poetenwinkel abzweigend lag das Biedermeierzimmer mit 16 Sitzplätzen für kleine Gesellschaften oder interne Besprechungen. Das Lokal war insgesamt auf 200 Sitzplätze ausgelegt.

Grundriss vom Architekten Overmann
zum Konzessionsgesuch 1949

Orient-Raum

Altmünster

Theater-Raum

Poetenwinkel

Send am Dom, Fritz Grotemeyer, dat. und sign. 1943, Öl auf Leinwand

Der Leierkastenmann mit dem Äffchen auf dem «Sendbild», einer Skizze aus Grotemeyers Orientzeit als Kriegsmaler entlehnt, entstand während eines Bombenalarms im Krieg. Annelie, die immer ein besonders enges Verhältnis zu Fritz hatte, wollte Fritz aus dem Atelier abholen, kam aber zu spät: Die beiden konnten den Weg zum Luftschutzbunker nicht mehr wagen. Fritz malte weiter. Während dieses Luftangriffs entstand im Obergeschoss der Salzstraße der Leierkastenmann mit dem Äffchen.

Der private Lebensstil der Familie war alles andere als glamourös. Gabriele Kahlert-Dunkel erinnert sich gut an die bescheidenen Lebensverhältnisse jener Zeit, als mehrere Generationen sich ganz selbstverständlich schmalen Wohnraum teilten. Die Großfamilie zog 1950 von der «Zwischenstation» Erphostraße wieder auf die Salzstraße. Eine private Küche gab es zu dieser Zeit in der Wohnung im Obergeschoss nicht – man kochte und aß in der erweiterten Kaffeeküche im hinteren Bereich des Cafés. Zum Zeitpunkt der Wiedereröffnung 1949 hatte das neu errichtete Gebäude auf der Salzstraße zunächst nur aus dem Erdgeschoss bestanden. Das erste Stockwerk wurde erst 1950 fertig gestellt. Und dieser Umstand ermöglichte die folgende Geschichte:

« Bis in die 60er Jahre hinein war bei uns privat alles sehr, sehr einfach. Sowohl Kriegszeit als auch Nachkriegszeit waren schwierig. Durch den Wiederaufbau wurden viele Kosten hervorgerufen, gegen die angearbeitet werden musste. Das I. Obergeschoss war Ende 1950 fertig gestellt. Dort lebten in den ersten Jahren Hugo und Toni mit meinen Eltern und ihren drei Kindern. Onkel Fritz, [Anm.: Annelies Bruder] schlief in einem Zimmer im Erdgeschoss, anfangs auch meine Onkel Walter und Paul, zeitweise dann Tante Elli, später mit Annemie. »

Gabriele Kahlert-Dunkel

In den 50ern im Grotemeyer verlobt… feierte dieses Paar mittlerweile die Diamantene Hochzeit

Die Märchentheaterdarsteller von 1949

« Die Wirkung war (…) sensationell. (…) In der schmalen Salzstraße, wo die Kriegstrümmer nur notdürftig beseitigt waren und noch eine Straßenbahn ihre Runde zog, war zur Märchenstunde kein Durchkommen. Die Leute, Kinder wie Erwachsene, standen wie die Mauern, blockierten gar den Verkehr, so dass ein Schupo den Verkehr regeln musste. »

Uta Ribbert in der «WN»

Winter 1949: Märchentheater und Opernklänge auf dem Dach

Das fünf bis sechs Meter hohe Flachdach über dem Café wurde in der Weihnachtszeit 1949 zur Open-Air-Bühne. Die Geschichte vom Märchentheater auf dem Dach, über die sogar überregional berichtet wurde, zeigt eindrucksvoll, mit welch kreativen Werbe-Ideen Antonia und ihre Tochter Annelie bereits in der schwierigen Nachkriegszeit das Geschäft belebten. Der Hintergrund: Die Kaufleute der Innenstadt hatten Münster in der Weihnachtszeit zur «Märchenstadt» erklärt und ihre Schaufenster phantasievoll dekoriert. Freunde der Grotemeyers spielten in der Weihnachtszeit Tag für Tag, soweit das Wetter es eben zuließ, das Märchen von Hänsel und Gretel. Musiker des städtischen Theaters spielten dazu Stücke aus Humperdincks gleichnamiger Oper. «Wir hatten da oben einen Tannenwald errichtet mit einem ausgestopften Fuchs und einem Hexenhäuschen, weiß Gott woher mein Bruder [Paul] Bäumchen und Bretter bekommen hat» erzählte Annelie Kahlert. Der Erfolg war durchschlagend: Das Weihnachtsgebäck und die phantasievoll gestalteten Knusperhäuschen aus Grotemeyers Konditorei waren heiß begehrt! Den Werbeslogan dazu dichtete Annelies Bruder Paul:

« Ja, ja, wir können lachen, denn wir naschen
Grotemeyers Zuckersachen! »

Gelebte Emanzipation zur Wirtschaftswunderzeit

Salzstraße 24 in den 50er Jahren

In den 50er Jahren begannen die Wirtschaftswunderjahre. Der zunehmende Wohlstand der Bevölkerung kam auch dem Kaffeehaus zugute. Die Kredite, die für den Wiederaufbau getätigt worden waren, konnten nach und nach abgezahlt werden. Es ging wieder aufwärts.

Als Hugo Grotemeyer 1956 starb, war es für Antonia selbstverständlich, den Betrieb weiter zu führen. Sie war zu diesem Zeitpunkt seit 44 Jahren die Seele des Geschäfts. Sie hatte als berufstätige Frau sieben Kinder großgezo-

Hugo Grotemeyer (vorn)
mit seinem Sohn Paul

Foto Antonia und Kinder
Vorn: v.l.: Paul, Fritz, Anneliese, Alfred, Maria, Antonia (Toni) Grotemeyer, geb. Schulze-Lohoff
hinten v.li.: Fräulein Lotte Kußmann, geb. Mähler, Fräulein Neumann (Tätta), Rudi, Walter

Bon Nr.			Total
1.	12.10.59	50 Brote 1:1 a 25g 20 g	10.-
.		50 Stangen 1:1 a 45 30	15.-
2		50 Rollen 1:1 a 90 60	30.-
3.		1350g Florentiner a. 1.50	20.25
4.		50 Bro 10/4 a 90 1.-	50.-
5.		5 Bro 10/4 a 180 2.-	10.-
6.		20 Bana 1/1 a 90 -.75	15.-
7	13.10.59	2.200 helle Splitter 1.50	33.-
8.		450 Brote 10/4 45 -.50	25.-
9.	13.10.59	70 Brote 10/4 a 180 2.-	20.-
10.	13.10.59	600 g [illegible] 1.-	[illegible]

Tonis stets ordentlich geführtes Warenbestandsbuch, 1959

gen, fünf Söhne und zwei Töchter. Die älteste Tochter, Maria, war bereits 1946 mit nur 17 Jahren verstorben. Antonia hatte das Geschäft durch zwei Weltkriege gebracht und aus den Trümmern wieder aufgebaut. Emanzipation war vermutlich kein Wort, das in ihrem Wortschatz vorkam – aber sie lebte sie. Sie beantragte die Konzession zum Ausschank geistiger Getränke und legte die Prüfung zur Ausbildung von Lehrlingen ab. Die Konditorei war ihr Leben – und sie dachte nicht im Traum daran, sich aus dem Geschäft zurückzuziehen. Ihr Sohn Alfred, ein gelernter Konditor, wollte nur zu gern in die Fußstapfen seines Vaters treten und überwarf sich mit seiner Mutter, die zu diesem Zeitpunkt nicht bereit war, in die zweite Reihe zu treten. Alfred verließ Münster und machte sich später in Bad Münstereifel selbständig. Toni führte den Betrieb bis zu ihrem Tod 1969. Möglich wurde das letztlich durch die zweite starke weibliche Unternehmerin der Familiengeschichte: Antonias Tochter Annelie, die ihrer Mutter von Jugend an zur Seite stand.

Annelie und Antonia in Kur

v.l. Konditormeister Bossak, Fritz und Elses Enkelin Angela Weber, Tante Lotte Kussmann und Jorg Kahlert

Annelie Kahlert – Die Mutter

Annelie Kahlert, Rötelzeichnung
von Fritz Grotemeyer

Durch den frühen Tod ihrer älteren Schwester Maria hatte Annelie, geboren 1918, immer einen Sonderstatus – nicht nur unter ihren fünf Brüdern. Sie verstand sich gut mit allen, auch mit Alfred. Es wäre für beide vorstellbar gewesen, den Betrieb gemeinsam zu übernehmen und zu führen: Alfred als Fachmann in der Backstube, Annelie als Unternehmerin im Café. Die beiden wären vermutlich ein gutes Team gewesen. Schließlich stand auch Toni nach dem Tod ihres Mannes vor dem Problem, erstmals in der Unternehmensgeschichte einen externen Konditormeister als Backstubenleiter einstellen zu müssen. Die Rettung kam mit Konditormeister Bossak, der in Ermangelung von Wohnraum in der allerersten Zeit unter der geräumigen Treppe schlief.

Im Gegensatz zu ihrem Bruder Alfred war Annelie bereit, das Geschäft nach und nach zu übernehmen – zu Lebzeiten ihrer Mutter jedoch nie offiziell. Nach außen hin war Antonia die Chefin. Annelie blieb im Hintergrund, wuchs unter der Führung ihrer Mutter mehr und mehr in die Leitung des Betriebes hinein und war diejenige, die letztendlich zunehmend die Fäden in der Hand hatte und für alles gerade stand.

Schon vor dem Krieg hatte sie durch einen Stenografie-Kurs an der Abendschule ihren späteren Mann Georg (Jorg) Kahlert, einen Geologen,

> « «Annelie und Alfred – das wäre eine gute Kombination gewesen. Meine Großmutter hat das erst verstanden, als sie viel, viel älter war – und da war es zu spät. »
>
> Gabriele Kahlert-Dunkel

Jorg Kahlert, Rötelzeichnung
von Fritz Grotemeyer

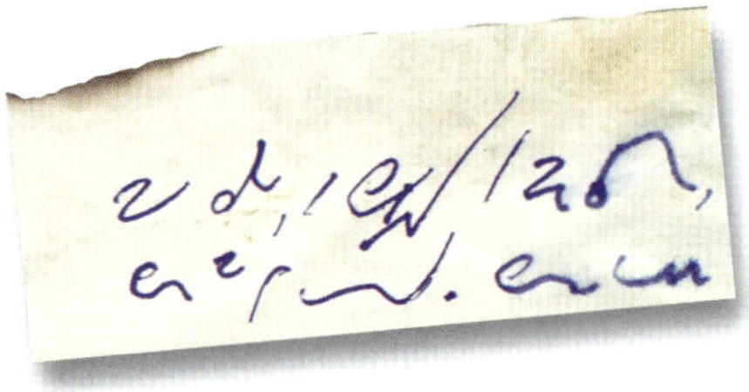

kennengelernt, der dort Stenografie und Maschinenschreiben unterrichtete. Gabriele Kahlert Dunkel erinnert sich daran, wie sich bei einem Vortrag in Münster vor einigen Jahren plötzlich eine Dame zu Wort meldete, die Gabrieles Eltern Annelie und Jorg aus jener Zeit kannte. Annelie Grotemeyer und Jorg Kahlert hatten sich verliebt und schrieben sich geheime Botschaften in Kurzschrift, welche besagte Dame, eine von Jorgs Schülerinnen der Mittelschule, vom geologischen Institut zum Café Grotemeyer – und umgekehrt – brachte, da sie in der Nähe wohnte. «Das hat sie sehr, sehr gern getan, weil sie bei Grotemeyer immer eine tolle Tasse Schokolade bekam – ein Luxus, den man sich in jenen Tagen selten leistete!» Jorg Kahlert verzichtete letztlich seiner Frau zuliebe auf eine wissenschaftliche Karriere als Geologe, denn eine entsprechende Stelle war in Münster damals nicht zu bekommen. Er wurde Lehrer an der jetzigen Erich-Klausener Schule und kümmerte sich zudem im Hintergrund um Büro und Buchhaltung des Cafés.

« Es hat Tradition in unserer Familie, dass die Väter da sind, auch im Hintergrund mitwirken, aber letztlich ihren eigenen Beruf haben und dass die Frauen das Café führen. »

Gabriele Kahlert-Dunkel

Annelies und Jorgs Verlobung

Café Grotemeyer, Kardinal von Galen und St. Lamberti

Alle Generationen Grotemeyer waren und sind der Pfarre St. Lamberti eng verbunden. Annelie und Jorg Kahlert verlobten sich im Dezember 1942 und wurden nach dem Krieg von Pfarrer Uppenkamp als erstes Paar in der Notkirche St. Lamberti getraut. Das «Hochzeitspaar Nummer Eins» war stolz auf diesen verbrieften Titel.

Vater der Frau: Heinrich Hugo
Grotemeyer
Mutter der Frau: Antonia Margaretha
Grotemeyer geborene Lohoff genannt
Hassenkamp.
Vermerke:
Münster/Westf., den 2. Juni 1947
Standesamt Münster (Westf.) Siegel
Der Standesbeamte
In Vertretung
Die kirchliche Trauung ist heute in der St. Lamberti-Not-Kirche
zu Münster/Westf. vollzogen worden. Register-Nr. 1945/1
Münster/W., den 26. Juni 1945
Siegel Der Pfarrer:
Eheschließung der Eltern:
des Mannes am 29. Juli 1899
(Standesamt .... Nr. ......)
der Frau 24. September 1912,
(Standesamt Münster/Westf. Nr. 374)
3

Clemens August Kardinal von Galen, von 1929 bis 1933 Pfarrer auf St. Lamberti, ging seinerzeit im Hause Grotemeyer ein und aus. Eine Kindheitsgeschichte erzählte Annelie oft. Sie selbst war bereits bei von Galen in St. Lamberti zur Erstkommunion gegangen. Auch ihr jüngerer Bruder Fritz bereitete sich darauf vor. Von Galen, der immer wusste, dass er mit seinen Spendensammlungen bei Antonia ein offenes Ohr fand und großzugig unterstutzt wurde, fragte an, ob Fritzchen denn bereits einen Anzug für das Fest habe. Als Antonia ihm versicherte, es sei für alles gesorgt, erklärte er: Wenn der kleine Jupp (ein Kind aus einer weniger begüterten Familie der Gemeinde) auch seinen Anzug habe, dann könne Fritzchen fröhlich zur Kommunion gehen. Und so geschah es …

Annelie und Jorg mit ihrem Hund auf den Stufen des Geologischen Instituts

Annelie galt als durchsetzungsstark und unerschrocken. In der Besatzungszeit lief sie einmal geradewegs auf einen amerikanischen Panzer zu. Erst als ihr ein Soldat zurief: «Mädel nix Angst?», wurde ihr die Gefahr bewusst.

Auch folgende Geschichte wurde in der Familie immer wieder erzählt: Englische Besatzer kamen ins Café und «konfiszierten» den Schäferhund der Kahlerts. Die Familie war geschockt. «Die Engländer waren am Hafen, auf einem Schiff. Meine Mutter hat sich dann besonders schick angezogen – nach den damaligen Möglichkeiten – sie war ja noch eine junge Frau. Sie ist auf das Schiff gegangen und hat gesagt, dass sie den Hund zurück haben möchte. Die Engländer haben ihr gesagt: ‹Den können Sie doch gar nicht ernähren.› Aber mit ihrem Mädchencharme ist es ihr gelungen, den Hund wieder zurückzuholen.»

Von Annelie hieß es, dass sie mit Verhandeln alles erreichen konnte – und sich dessen auch bewusst war.

Das Parteibuch Nr. 2

Nicht nur bezüglich der Hochzeit Nummer Eins waren Annelie und Jorg nach dem Krieg ganz vorn. Jorg war mindestens genauso stolz darauf, dass er das Münstersche SPD-Parteibuch Nummer 2 besaß. Als überzeugter Sozialdemokrat hatte er während des Nationalsozialismus Studienverbot erhalten und machte seinen Abschluss in der Schweiz. Für Hugo und Toni war die Parteizugehörigkeit des ansonsten hochgeschätzten Schwiegersohnes «die Katastrophe», erzählt Gabriele Kahlert-Dunkel. Katholische Christen wählten in Münster nach dem Krieg fast ausschließlich die Zentrumspartei. Obwohl Annelie letztlich immer stolz auf Jorgs Gradlinigkeit war, vertrat sie die Meinung, mit ihrem Geschäft müssten sie ihre eigenen politischen Gesinnungen außen vor lassen, «für alle wählbar sein». Nicht so ihr Mann. Als Willy Brandt Anfang der Sechziger das Kaffeehaus betrat, ging Jorg auf ihn zu und sagte vernehmlich und sichtlich bewegt: «Ich grüße unseren zukünftigen Bundeskanzler!» Annelie, so erzählt Gabriele Kahlert-Dunkel, wäre am liebsten in den Boden versunken, konnte sich doch zu diesem Zeitpunkt niemand in Münster ernsthaft vorstellen, dass Jorg recht behalten sollte ...

Mit ihrer Mutter Antonia, die von allen respektvoll «Die Chefin» genannt wurde, gab es durchaus hin und wieder Differenzen, z. B. über notwendige Renovierungsmaßnahmen im Betrieb, die aber selten offen ausgetragen wurden. Gabriele Kahlert-Dunkel erinnert sich, dass ihre Großmutter häufiger «Knall auf Fall» zur Kur nach Bad Soden oder zur Erholung an die See fuhr, wenn sie sich gesundheitlich überfordert fühlte. Ihre Enkelin Gabriele nahm sie dann meist mit. Annelie erledigte derweil zu Hause überfällige Re-

Jorg Kahlert um 1945

« Wir haben als Kinder die Gnade gehabt, dass wir sicher sein konnten, dass unsere Eltern keine nationalsozialistische Vergangenheit hatten. Meine Mutter war oberkatholisch und mein Vater war ein Sozi. »

Gabriele Kahlert-Dunkel

« «Ich denke heute: das war auch so ein stilles Übereinkommen zwischen den Beiden. Meine Großmutter konnte es nicht, hatte keine Kraft, und dachte: «Es ist Zeit, dass ich mal wieder wegfahre…» Toni konnte offiziell weggucken. Und keiner hat sein Gesicht verloren. »

Gabriele-Kahlert Dunkel

Antonia zu ihrem 75. Geburtstag

« Ich habe tolle Erinnerungen an die Mittagessen im Grotemeyer. Es war Ende der sechziger Jahre. An einem Riesentisch saßen die Familie, Onkel Paul, zwei, drei Freunde. Wenn jemand hereinkam, rückten alle zusammen. Es gab Diskussionen, über Lokalpolitik, über Gott und die Welt. Richtige Diskussionen. Ohne Wortführer. Die haben auch uns zugehört. Das habe ich zu dieser Zeit zu Hause so nicht erlebt. »

Egbert Cadaun

paraturen und Renovierungen, flieste die Küche, erneuerte Fußböden … Antonia stand heimkommend vor vollendeten Tatsachen und akzeptierte sie kommentarlos. Gabriele Kahlert Dunkel mutmaßt heute, dass die beiden Frauen damit eine unausgesprochene Konfliktlösungsstrategie etabliert hatten, die es jeder der beiden ermöglichte, ihr Gesicht zu wahren.

Annelie meisterte den Spagat zwischen Beruf und Familienleben wie ihre Mutter zuvor. Das Familienleben mit den drei Kindern Reinolf, Gabriele und Alexander spielte sich häufig in der erweiterten Kaffeeküche im Betrieb ab – und später im Café. Die Grotemeyers führten ein Leben in der Öffentlichkeit – ein Privatleben im traditionellen Sinn gab es selten. Das Café hatte sieben Tage in der Woche geöffnet. Geschlossen wurde lediglich zu Ostern, Weihnachten, an Pfingsten und am 1. Januar. Die Grenzen zwischen öffentlichem und privatem Leben waren fließend. Gabriele Kahlert Dunkel erinnert sich: Das Kaffeehaus stand unseren Freunden immer offen, bei uns gingen alle ganz selbstverständlich ein und aus. Unsere Mutter hat uns gemessen an der damaligen Zeit große Freiräume gegeben. Sie ist mit uns und unseren Freunden ausgegangen, hat sich für alles interessiert.» Schulfreunde von Reinolf Kahlert, die in jener Zeit ihr Taschengeld dadurch aufbesserten, dass sie am Wochenende bei Grotemeyers kellnerten, erinnern sich an die ungewöhnliche Offenheit und Großzügigkeit der Kahlerts, vor allem aber an die Fähigkeit von Annelie und Jorg, jungen Menschen zuzuhören. Jorg war ein Vater, wie man ihn sich wünschte.

So wie Antonia «Die Chefin» genannt worden war, hieß Annelie bei nahezu allen, auch bei ihren Mitarbeitern «Die Mutter». Das bedeutete zwar einerseits, dass sie für alle ein offenes Ohr hatte – gleichzeitig war sie aber eine konsequente und hart verhandelnde Geschäftsfrau mit unangefochtener Autorität. In ihrer modernen und selbstbewussten Art wusste sie sich in der Konditoren-Innung unter ihren männlichen Kollegen durchzusetzen. Ihre

Salzstrassenhund Jonny

Ausbilderinnen-Prüfung bei der Handwerkskammer legte sie mit Bravour ab. Unkonventionell auf der einen Seite, war sie auch immer Dame durch und durch – sie verließ das Haus nie ohne Hut.

Ihr Hund «Jonny» war meist an ihrer Seite, wenn er nicht gerade selbständig Besuche machte. Als «Salzstraßenhund», der oft ohne Leine unterwegs sein durfte, war er bei den Geschäftsleuten der Salzstraße bekannt und machte oft seine Runde.

Als ihre Mutter Antonia 1969 verstarb, rückte Annelie nun offiziell als Chefin in die erste Reihe. Im Juni 1970 sorgte sie für eine «Revolution am Straßenrand», wie die ‹WN› am 13. 6. 1970 titelte und bewies einmal mehr, dass bei ihr eine zündende Idee und die daraus folgende Tat nie weit auseinanderlagen:

« In dieser Zeit war es sicherlich so, dass das für Gabi, Reinolf und Alex auch eine ganz tolle Bühne war, in die sie ihre Freunde hineinholen konnten.
Die Zeit, die man sich nahm, einander zuzuhören, das war außergewöhnlich. »

Lothar Dunkel

Aschendorff, WN, Sammlung R. Krause

Ein Hauch von Großstadtflair

Es war ein wunderschöner heißer Sommertag im Juni 1970. Lothar Dunkel, der sein Studium zu guten Teilen durch das Kellnern bei Grotemeyer finanzierte, erinnert sich lebhaft daran, wie ratlos er mit «der Mutter», im Laden stand. Gähnende Leere im Café, Ebbe in der Tageskasse. Er befürchtete, nach Hause geschickt zu werden, denn kein Gast verirrte sich in die geschlossenen Räume. «In Italien sitzen die Menschen alle draußen», sinnierte Annelie. «Was, wenn wir …???» Gesagt – getan. Kurzerhand wurden vier Tische und sechzehn Stühle aus dem hinten liegenden Theaterraum getragen. Schließlich sollte der vordere Bereich des Cafés nicht leergeräumt aussehen. Lothar Dunkel fand, dass die gepolsterten Stühle auf der Straße schon etwas seltsam aussahen. Aber nur kurz, denn kaum standen sie draußen, waren sie auch schon belegt. Die Inhaber der umliegenden Geschäfte waren Feuer und Flamme für die Idee und beantragten Konzessionen bei der Stadtverwaltung.

« Gefühlt war es eine Art Notfall. Gleichzeitig war es auch so, als würden wir etwas Illegales tun. Andererseits gab es ja kein auf die Situation passendes Gesetz. »

Lothar Dunkel

Die Theaterraum-Bestuhlung auf der Salzstraße

Die «Westfälischen Nachrichten» titelten «Revolution am Straßenrand» und beschrieben das «Boulevard-Vergnügen mit einem Hauch von Weltstadt-Atmosphäre», das jetzt erstmalig auch in der Provinzialhauptstadt Münster geboten werde. In Großstädten wie Berlin, Düsseldorf und Frankfurt sah man zu dieser Zeit bereits Straßencafés. Für Münster war es tatsächlich eine Revolution, die das Stadtbild und das Lebensgefühl der Münsteraner nachhaltig veränderte. Bis die Stadt die rechtliche Situation geordnet und Konzessionen vergeben hatte, verging eine Weile. Annelie Kahlert wartete in ungeklärten Situationen nicht lange um behördliche Erlaubnis: Sie schuf Tatsachen und stellte ab diesem Tag ihre Tische und Stühle hinaus.

Noch im September 1985, anlässlich eines Barockfestes auf der Salzstraße, betonte sie mit Blick auf die weiteren 11 Tische, die auf der gegenüberliegenden Seite vor dem Erbdrostenhof standen, dass Grotemeyer nun das größte Straßencafé der Münsteraner Innenstadt habe.

Salzstraße mit Bestuhlung links vor dem Café Grotemeyer und rechts vor dem Erbdrostenhof

... Die Affen tobten ...
Schaufensterwettbewerb der Innenstadtkaufleute

« Frau Kahlert war enorm kreativ. Bei allem, was nicht direkt in der Backstube hergestellt wurden, legte sie selbst Hand an. Sie besorgte die Palmwedel für die Baumkuchenpalmen, bastelte die Hängematte für die Affen und steuerte ihre Ideen bei. »

Konditormeister Günter Brast

Anlässlich der Eröffnung des neuen Allwetterzoos veranstalteten der Verkehrsverein Münster und die Kaufmannschaft einen innungsübergreifenden Schaufensterwettbewerb zum Thema: «Das originellste Zoo-Fenster». Hintergrund der Aktion war u. a., den Münsteranern ihren neuen Allwetterzoo schmackhaft zu machen, denn viele Menschen trauerten dem früheren Zoogelände an der Himmelreichallee nach. Die Bürger sollten den Einzelhandelsgeschäften ihre Stimme geben, deren Fenster ihnen am besten gefiel – und somit die Jury bilden. Zahlreiche Einzelhandelsgeschäfte und vier Konditoreien in der Innenstadt beteiligten sich. Letztere lagen in der Gunst der Bürger weit vorn. Das mit Abstand originellste Zoo-Schaufenster gestaltete das Café Grotemeyer und holte damit den ersten Preis. Annelie Kahlert hatte, als habe sie mit ihren Konditoren in die Zukunft des Allwetterzoos schauen können, das Schaufenster in eine Affen-Oase verwandelt. Die Konditoren-Meister Günther Brast und August Renken liefen zu Hochform auf: Zwischen Baumkuchen-Palmen war eine Hängematte gespannt, die Affenbande tobte durch den süßen Marzipan-Urwald.

Die Marzipanäffchen entzückten Groß und Klein

Münster grüßt Italien

Münster grüßt Italien im Grotemeyer-Schaufenster. Der Gruß war aus 3313 Marzipanblüten und Rosen vom Konditoren-Team hergestellt

Als die Kaufmannschaft im Mai 1984 eine italienische Woche feierte, luden die Kaufleute auf der Salzstraße zum «Intermezzo Italiano» ein, in dessen Mittelpunkt der vom italienischen Frühbarock inspirierte Erbdrostenhof und die damals mutmaßlich größte Obsttorte der Welt mit einem Durchmesser von dreieinhalb Metern stand. Konditormeister Brast, der die Aktion damals mit Annelie Kahlert plante und mit seinem Team umsetzte, hat das Großereignis heute noch lebhaft in Erinnerung. Eine Tischlerei musste das Gestell nach seinen Zeichnungen fertigen. Annelie nähte Spitzen, um die hölzerne «Tortenplatte» seitlich zu verbergen. Das Mittelstück wurde in Nachtarbeit vorn im Verkaufsraum hergestellt und morgens auf die Salzstraße getragen, wo dann die übrigen Platten angesetzt wurden, weil das Gesamtgestell schlicht nicht durch die Türen gepasst hätte. Die Gesamtaktion hatte mehr als eine Woche in Anspruch genommen und zählt für ihn nach wie vor zu den größten Herausforderungen seiner kreativen Arbeit.

Den Erlös der aus verschiedenen Fruchtsorten in italienischen Landesfarben gestalteten Torte mit 1.444 Tortenstücken (die in gut zwei Stunden restlos aufgegessen waren) stiftete Grotemeyer an eine Kinderhilfsorganisation auf Sardinien.

Diese Frau schießt den Vogel ab!

1985 schoss Annelie buchstäblich den Vogel ab: Beim Schützenfest der Konditoren-Innung gab es wie immer ein gemeinsames Kaffeetrinken, dann rückten die Männer mit Gewehren aus, um den Holzvogel zu erlegen, während die Frauen traditionell mit dem Planwagen durchs Münsterland rollten. Nicht so Annelie Kahlert, die das Vogelvieh mit dem 165. Schuss von der Stange holte. Kurz herrschte Ratlosigkeit: Schließlich erkor sich ja bis dahin immer der männliche Schützenkönig seine Königin für die Session. Was jetzt? Spontan und voller Ironie wählte sie ihren Innungskollegen Konditormeister Johannes (Hans) Bungardt von Bäckerei Tollkötter zu ihrem König. Mit einem großen Fest im Grotemeyer feierte sie ihren Titel. Sicherlich vergaß keiner der Anwesenden je diesen Abend, an dem eine ausgelassene Stimmung herrschte. Insbesondere, als Hans Bungardt sich im Verlauf des Abends als Königin verkleidete, um die Schützen-Ordnung wieder herzustellen …

«Schützenkönigin» Hans Bungardt
mit Annelie Kahlert

Schützenkönig
mit «Königin» Bungardt

Ein humorvoller Innungskollege:
Hans Bungardt

«Die Männer sind alle …»

Annelie Kahlert war dafür bekannt, dass sie in entsprechender Situation den Schalk im Nacken hatte und für jeden Spaß zu haben war. Lange bevor sich die rheinische Tradition der Weiberfastnacht in der Münsterschen Gesellschaft etabliert hatte, veranstaltete Annelie jeweils am Fastnachtsdienstag ein Frauenfest. Die Damen sangen, schunkelten und hatten ihren Spaß. Verirrte sich an diesem Nachmittag ein Mann ins Grotemeyer, der verwundert abdrehen wollte, als er die Damengesellschaft sah, wurde er von Annelie persönlich liebenswürdig empfangen und hereingewunken. Man werde sicher noch einen Platz für ihn finden. Hatte er mit ihr einen vorher verabredeten Punkt im Raum erreicht, haute der Klavierspieler in die Tasten und die ganze Damengesellschaft intonierte juchzend den damals bekannten Schlager: «Die Männer sind alle Verbrecher …»

Annelie Kahlert an ihrem 80. Geburtstag

Eines wollte Annelie besser machen als ihre Mutter: sie wollte ihre Kinder offiziell in den Kaffeehausbetrieb einbinden und den Generationenübergang gestalten. Gabriele Kahlert-Dunkel erzählt: «Sie lockte uns mit einer Beteiligung.» Alexander ließ sich auszahlen, Reinolf und Gabriele entschieden sich für den Betrieb und wurden 1986 an der neu gegründeten Grotemeyer KG beteiligt.

Annelie trat nach und nach in die zweite Reihe. Sie starb im Jahr 2000.

Gabriele Kahlert-Dunkel – die Managerin

Die Geschichte der fünften Inhabergeneration fußt auf einer besonderen Geschwisterbeziehung und Annelies größtem Wunsch, zu erhalten und innerhalb der Familie weiterzugeben, was Generationen aufgebaut hatten.

Ein Blick zurück auf die Nachkriegsjahre: Reinolf Kahlert, Jahrgang 1947, und Gabriele Kahlert-Dunkel, Jahrgang 1950, wurden in eine Zeit geboren, die weder für Erwachsene noch für Kinder unbeschwert war. Die Wirtschaftswunderjahre setzten erst später ein und die Anstrengungen des Wiederaufbaus, zeitlich wie wirtschaftlich, hatten für die Familie einen hohen Preis. Das Café war täglich geöffnet, auch sonntags von 11–20 Uhr.

Diese Zwei hielten fest zusammen:
Reinolf und Gabi

«Hier gehörte die Mutter ganz uns»
Gabi

Eine besondere Geschwisterbeziehung

Die beiden älteren Geschwister hatten immer eine enge Beziehung zueinander und verstanden sich häufig ohne Worte. «Unsere Sorgen waren immer die gleichen oder auch die Dinge, über die wir uns amüsiert haben, ohne dass jemand anderes es nachvollziehen konnte und ohne, dass wir uns gegenseitig etwas erklären mussten.»

Gabriele erkrankte im Alter von 4 Jahren schwer und verbrachte eine längere Zeit im Krankenhaus. Als sie acht Jahre alt war, kam es zu einem Rezidiv und sie lag zwischen 1958 und 1959 gar ein ganzes Jahr im Uniklinikum. Man traute ihr nicht viel Lebenszeit zu. Sie war so schwach, dass sie lange Zeit in einem Einzelzimmer untergebracht war und täglich Besuch bekommen durfte, was für die damalige Zeit sehr ungewöhnlich war. Kinder allerdings durften die Station als Besucher nicht betreten. Der damals elfjährige Reinolf und der fünfjährige Alexander, die Gabriele in diesem ganzen Jahr nicht besuchen durften, kletterten ab und an zu einer verabredeten Zeit auf die Friedhofsmauer des Zentralfriedhofs. Von dort aus konnte man bis zum Universitätsklinikum schauen. Gabriele wurde zeitgleich mit dem Bett auf den Balkon geschoben und die Geschwister konnten sich auf diese Weise wenigstens zuwinken.

« Ich habe in dieser Zeit im Krankenhaus Stärken fürs Leben entwickelt. Geduldig zu sein. Durchhaltevermögen zu entwickeln. In entscheidenden Phasen Menschen zu finden, die mir helfen konnten. »

Gabi

Der Cafébetrieb war Anfang der fünfziger Jahre noch in der Konsolidierungsphase. Annelie und Jorg empfanden die familiäre Gesamtsituation als so ungeordnet, dass sie Reinolf mit Beginn der Oberschulzeit auf ein Internat in Rietberg schickten, um seine schulische Laufbahn sicherzustellen. Gabriele Kahlert-Dunkel erinnert sich, dass ihr Bruder, wenn er in den Ferien oder zwischendurch einmal am Wochenende zu Hause war und wieder zurück ins Internat gebracht werden sollte, regelmäßig an einer vorher von ihm genau berechneten Stelle auf der Landstraße verkündete, er habe sein Lateinbuch zu Hause vergessen oder sonst etwas Unabdingbares. Man fuhr seufzend zurück und Reinolf hatte noch eine Nacht zu Hause «herausgeschlagen». In den Ferien saßen die Geschwister gemeinsam auf den Treppenstufen vor der Wohnung und erzählten sich, was sie erlebt hatten, was sie bewegte. «Es war eine ganz besondere Zeit», erinnert Gabriele Kahlert-Dunkel.

« Ich habe immer mit gelitten. Für alle, auch für meine Eltern war es furchtbar. Aber sie dachten, er könne sonst nicht aufs Gymnasium gehen. Es war einfach alles zu ungeordnet. »

Gabi

Das Heimweh blieb ein großes Thema. Reinolf stieg im Internat nachts aus dem Fenster, verstieß gegen Regeln, so dass die «Weissen Väter», die das Internat leiteten, schließlich dazu rieten, den Jungen wieder nach Hause zu holen. Zur Oberstufe wechselte er auf das Münstersche Ratsgymnasium, Gabriele ging auf die Marienschule. Ihr Bruder, der zu diesem Zeitpunkt bereits seinen Führerschein hatte, holte sie häufig von der Schule ab. Manchmal standen er und seine Freunde zwei Stunden mit dem Wagen vor dem Schultor, um sich die hübschen Mädels anzuschauen und mit ihnen zu flirten – was dem Ruf seiner Schwester nicht so gut tat, wie sie sich heute schmunzelnd erinnert. Die enge Bindung zwischen den beiden Geschwistern blieb immer bestehen – und war selbst für die eigene Familie manchmal kaum nachzuvollziehen. «Egal was kam, wir haben uns immer gegenseitig Rückendeckung gegeben.»

Die «Weissen Väter» waren eine Gesellschaft der Afrikamissionare. Die Ordensbrüder leiteten das Internat

Es ging auch ohne Mercedes …
Reinolf Kahlert und Michael Kerstiens auf Norderney

« Meine Mutter hatte immer super Ideen – und setzte sie sofort in die Tat um »

Reinolf

Bei Reinolf wurde zur Abiturzeit Diabetes Typ I diagnostiziert. Ursachen und Folgen dieser chronischen Erkrankung waren Ende der sechziger Jahre noch nicht im allgemeinen Bewusstsein verankert. Zu Hause wurde er aufgrund seiner Krankheit manches Mal geschont. In seinem Umfeld sollte niemand davon wissen. Selbst vor seinen Freunden hielt er sich diesbezüglich lange bedeckt – er wollte ernst genommen werden, keinesfalls stigmatisiert. Er glänzte schon zu Schulzeiten mit pfiffigen Ideen und war äußerst großzügig, wenn es darum ging, deren Umsetzung zu unterstützen. Gabriele erinnert sich, wie er für die Werbeaktion seiner Klassengemeinschaft zur Wahl des Schulsprechers im Großmarkt Bonbons in Großgebinden einkaufte, die dann aus dem Fenster unter die immerhin 1200 Schüler geworfen wurden. Die Offensive, deren Hauptziel es war, Kampagnen-Fähigkeiten zu beweisen, hatte übrigens Erfolg und sein Klassenkamerad Heinz-Joachim Buschmann wurde zum Schulsprecher gewählt. Reinolfs späteres Studium der Betriebswirtschaft mit Schwerpunkt Marketing traf seine Talente und Interessen. Der Unternehmerinnengeist seiner Mutter war ihm immer Vorbild.

Gabriele studierte nach der Schule zunächst in Münster, Bonn und Hamburg Psychologie, sattelte dann ein «Schmalspurstudium Medizin», wie sie es heute nennt, auf, das in einer Promotion mündete. Sie arbeitete am Universitätsklinikum in der Kinderkardiologie und dann in der Kindernephrologie. «Die VW-Stiftung hat ein Projekt bezahlt für die psychosoziale Versorgung von nierenkranken Kindern – zu einer Zeit, als man gerade anfing, darüber nachzudenken, dass kranke Kinder mehr brauchen als eine rein medizinische Betreuung». Wieder in Münster zu

Gabi und Annelie

leben, bedeutete für sie auch, parallel zur Arbeit und zum eigenen Familienleben immer mit einem Fuß im Café zu stehen. Als ihre Mutter mit einem Anstellungsvertrag und einer zunächst bescheidenen KG-Beteiligung lockte, fiel ihr die Entscheidung zwischen den eigenen beruflichen Plänen und der Fortführung der Familientradition nicht leicht. Gabriele entschied sich für das Café, engagiert sich seitdem ehrenamtlich für die Belange kleiner DialysepatientInnen. So wie Annelie akzeptiert hatte, unter ihrer Mutter, «der Chefin» im Hintergrund zu bleiben, akzeptierte Gabriele Annelies Entscheidung, die Geschwister gleichrangig in die Caféhaus-Nachfolge einzubinden. «Aufgrund meiner kontinuierlichen Arbeit an der Seite meiner Mutter wäre es auf gewisse Weise konsequent gewesen, wenn ich das Café übernommen hätte und Reinolf den Lortzingsaal. Aber letztlich war mir das egal. Wir fühlten uns immer gemeinsam für alles, was zum Familienunternehmen gehörte, verantwortlich.»

« Egal was passierte, ich habe alles ausgebügelt und kompensiert. Das war auch ein stiller Generationenvertrag. Ein ideelles Vermächtnis meiner Mutter Annelie: Die Familie steht zusammen, egal was kommt. Sie wollte vor allem Frieden unter ihren Kindern – und das hat sie ja auch geschafft. »

Gabi

« Auf gewisse Weise wäre es konsequent gewesen, wenn ich das Café übernommen hätte und Reinolf den Lortzingsaal. »

Gabi

v.l. Architekt Gerd Brinkhaus mit Annelie, Gabi und Reinolf, 1986

Der Verkaufsraum nach dem Umbau

Der Eintritt der Geschwister in die zu diesem Anlass neu gegründete Grotemeyer KG fiel 1986 zeitlich mit einer Modernisierung des Cafés zusammen. Während Böden, Teppiche und Tapeten behutsam renoviert wurden, ohne den Stil grundlegend zu verändern, wurde die Kühltechnik von Grund auf modernisiert, um fortan auch Eistorten und Pralinen aus der hauseigenen Pralinenmanufaktur im Ladengeschäft auf unterschiedlichen Kühlebenen frisch halten zu können. Die Investitionen zahlten sich aus, das Geschäft blühte. Münsters nachweislich ältestes Konditorei-Café im Familienbesitz war für die Zukunft gut aufgestellt.

« Mitte der achziger Jahre schwammen wir gefühlt auf einer Erfolgswelle. Was immer wir anfassten, schien zu gelingen. »

Gabi

Neue Schaufensterfassade

Lückenschluss auf der Salzstraße: Das Ende der Provisorien

Das Haus Salzstraße 24 war 1949 zunächst bis zum Erdgeschoss, 1950 bis zum ersten Stock aufgebaut worden. 1989 lief ein langjähriger Pachtvertrag im Haus aus. Endlich konnte die Aufstockung bis in den 3. Stock in Angriff genommen werden. Den Baustil des Vorkriegshauses, der an die Giebelhäuser des Prinzipalmarkts erinnerte, konnte die Familie Grotemeyer nicht aufgreifen – man musste sich an die Traufen der Nachbarhäuser anpassen. Auch dieses Projekt wurde mit dem befreundeten Architekten Gerd Brinkhaus realisiert. Für das Erscheinungsbild der Salzstraße bedeutete die Aufstockung das Verschwinden einer unschönen Baulücke, die immer noch an die Kriegsfolgen erinnerte. Für die Familie Kahlert-Dunkel endete damit auch ein etwas skurriles privates Provisorium: Die direkte, unabhängige Erschließung der oberen Stockwerke konnte endlich vollzogen werden. Parallel zum Umbau auf der Salzstraße realisierte Reinolf Kahlert mit dem Architekten Gerd Brinkhaus an der Arztkarrengasse seinen ganz persönlichen, langgehegten Traum: Den Wiederaufbau des Lortzingsaals.

« Wir mussten bis zum Ende der Bauzeit durch die Kaffeeküche laufen, um in die Wohnung zu gelangen. »

Lothar Dunkel

Bei Nacht und am Tage sonnte sich das Grotemeyer
im Glanz des Erbdrostenhofes

Aus dem Dornröschenschlaf wachgeküsst

Der Lortzingsaal, einst Bühne für Kammerkonzerte und Kleinkunsttheater, war nach der Zerstörung während des 2. Weltkriegs 45 Jahre lang eine Ruine. Zwar standen die Mauern noch, insbesondere die markanten Korbbögen an der Stirnseite des hohen Saals erinnerten an die Eleganz vergangener Tage, aber die durch den Bombenhagel zerborstenen Fenster waren vernagelt, lediglich ein provisorisches Dach eingezogen. Tauben flogen ein und aus, gelegentlich aufgescheucht durch Reinolf und seine Schulfreunde, für die die Lortzing-Ruine der reinste Abenteuerspielplatz war. Ein Spielplatz im wahrsten Sinne des Wortes war die Lortzing-Ruine für die Konditorinnen und Konditoren aus Grotemeyers Backstube, die dort Ende der sechziger Jahre während ihrer Arbeitspausen Tischtennis spielten und sogar regelmäßig Turniere gegen die eigens zu diesem Zweck gebildeten Mannschaften des «Rheinischen Hofs», des «Alten Gasthaus Leve» und anderer benachbarter Betriebe austrugen.

« Reinolf hat während unserer gemeinsamen Schulzeit oft davon gesprochen, dass er den Lortzingsaal eines Tages wieder so belebt und nutzt, wie sein Großvater Hugo es seinerzeit mit Onkel Fritz geplant hatte. »

Michael Kerstiens

Reinolf hatte schon als Abiturient davon geträumt, im Lortzingsaal das ursprünglich von Fritz Grotemeyer initiierte Konzept, Theater, Musik, Kleinkunst und Gastronomie zu verbinden, wiederaufleben zu lassen. Im Zuge der KG-Gründung Ende der achtziger Jahre überschrieb Annelie Kahlert ihrem Sohn das Trümmergrundstück. Gerd Brinkhaus gelang es, durch behutsame Restaurierung den Charme des alten Gemäuers zu erhalten, dabei einen Teil der ursprünglichen Mauern sichtbar zu lassen. Der Lortzingssaal hat eine Höhe von acht Metern und eine Fläche von 240 qm mit einer Galerieebene. Im Gastro-Tip des «Wirtschaftsspiegels» aus dem Juli 1991 hieß es bewundernd, der im gotischen Stil gehaltene Saal wirke architektonisch «wie das Galazimmer einer alten Ritterburg». Gerd Brinkhaus war ein großer Wurf gelungen und Reinolf Kahlert feierte im November 1990 die Eröffnung seines Traumlokals.

Hier gab es jeweils am 2. Sonntag im Monat Kammermusik-Matineen. Das WDR-Landesstudio nutzte die wunderbare Kulisse für Live-Mitschnitte von Konzerten und Talkshows. Es gab große Silvesterpartys, die Gesellschaft der Musik- und Theaterfreunde feierte im Lortzingsaal ihr Neujahrkonzert. Ob Boogie-Woogie-Abende mit Erol Dixon, Fünfziger- und Sechziger-Jahre Schlagerpartys, Nachschwärmer-Cocktails um Mitternacht oder Blueskonzerte mit der großen Angela Brown – Reinolf hatte Ideen und er konnte sehr überzeugend sein.

Auch die Filmtheaterbetriebe kamen nach besonderen Premieren mit Schauspielern und Crewmitgliedern. Unvergessen blieb der vom Gastronomen mit Spannung erwartete Besuch von Götz George und der Filmcrew anlässlich der Premiere des «Totmachers»: der Star soll an diesem Tag äußerst schlecht gelaunt gewesen sein, akzeptierte lediglich ein Mineralwasser und verkündete, er habe bereits in der Villa Medici gegessen. Ganz anders dagegen der gutgelaunte Ostfriese, der sich nach seinem Besuch im Lortzingsaal für das sensationelle Lamm bedankte und seinen Dank mit einem Ottifanten signierte.

Sieben Jahre leitete Reinolf Kahlert den Lortzingsaal, tatkräftig unterstützt von Gabi Kahlert-Dunkel. Ihr Bruder überforderte sich und kämpfte zunehmend mit gesundheitlichen Problemen. Sie erinnert sich, wie auch ihr damals das berufliche Mehrfachengagement neben ihrem eigenen Familienleben mit drei kleinen Kindern über den Kopf wuchs. «Eine Tages- und eine Abend- bzw. Nachtgastronomie parallel zu unterhalten, das konnte auf Dauer nicht gut gehen.» Der Versuch, das Management an einen Geschäftsführer abzugeben, scheiterte.

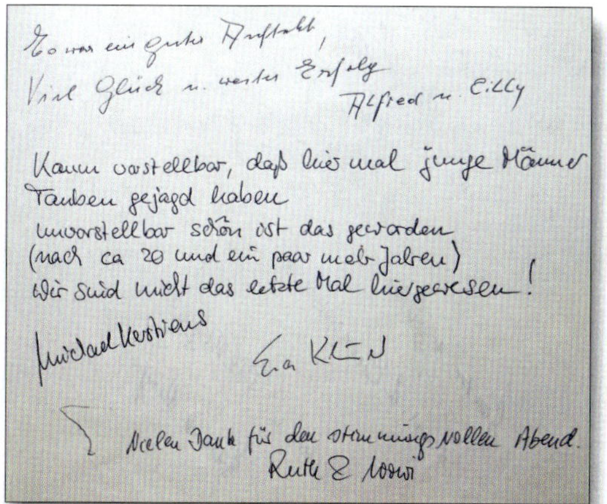

Blueskonzert
mit Angela Brown

Ab 1997 vermietete Reinolf den Lortzingsaal an eine Gastronomiekette, die mit mexikanischen Spezialitäten und Cocktails einen neuen Trend in Münster etablierte und bis heute mit dem «Enchilada» im Lortzingsaal erfolgreich ist.

« Reinolf war auf eine Weise genial. Gabi sagte immer: Wenn Du morgen für eine Fete gern einen rosa Elefanten haben möchtest – frag Reinolf, der besorgt ihn Dir garantiert. – Das war Reinolf »

Lothar

Kreativität ohne Grenzen

Das Kaffeehaus entwickelte sich derweil nach dem Umbau stetig weiter. Das Angebot der Grotemeyerschen Konditorei und Marzipanmanufaktur war weit über die Stadtgrenzen hinaus bekannt. Grotemeyer wurde im «Feinschmecker» gelistet, ebenso in dem 1990 erschienenen Buch «Freude mit Café und Kuchen», das die bundesweit 111 besten Konditorei-Cafés und ihr Ambiente präsentierte und würdigte. Die Testesser, die unerkannt zu Werke gegangen waren, hoben neben der Grotemeyer-Spezialtorte, der Cointreau-Sahnetorte und den Marzipankreationen insbesondere das Teegebäck und die Baumkuchenspezialitäten hervor. Dass man bei Grotemeyer in der Lage war, Baumkuchen in exzellenter Qualität bis zu einer Länge von 1,20 m an einem Stück zu produzieren, machte die Geschwister besonders stolz. Zur Eröffnung des Salzhofes nebenan kreierte das Konditoren Team eine Formtorte, die den Grundriss des Salzhofes mit den unterschiedlichen Nutzungsflächen nebst Stadtmuseum abbildete. Im Mittelpunkt: ein Baumkuchen mit Kuppeldach. Darüber hinaus überreichte Annelie Kahlert einen überdimensional hohen Baumkuchen, der mit Gemäldefotos von Fritz Grotemeyer gespickt war. Diejenigen Originale, die er der Stadt Münster vor seinem Tod vermacht hatte und die nach kriegsbedingter Auslagerungszeit zurückkehrten, fanden immerhin im Stadtmuseum am Salzhof ihr neues Zuhause.

« «Ich erinnere mich daran, wie wir als Jugendliche im Keller standen, den Baumkuchen-Spieß begossen und drehten und drehten … »

Egbert Cardaun

Zu einem Jubiläum des Teppichhauses Jeggle, deren Inhaber mit der Familie Grotemeyer schon seit der Generation «der Chefin», Antonia, freundschaftlich sehr eng verbunden waren, kreierten Grotemeyers folgerichtig eine Teppichrolle aus Baumkuchen. Annelies Bruder Paul arbeitete bis zu seinem Tod im Juli 1982 mehr als vierzig Jahre mit den Gebrüdern Jeggle zusammen, die schon vor dem Krieg mit ihrem Teppichhaus Mieter der Grotemeyers waren und die täglich gemeinsam im Caféhaus frühstückten, auch häufig die Mittagszeit gemeinsam mit der Familie verbrachten.

> «Die vier Jeggle-Brüder waren für Annelie und Paul wie Brüder, für uns wie Onkel. Es war eine tiefe Freundschaft. Solange meine Mutter lebte, sahen sie sich täglich.
>
> Gabi

Baumkuchentorte zur Eröffnung des Stadtmuseums

Annelie und die Jeggle-Brüder

Legendär ist die Geschichte vom Porsche aus Marzipan, der vom Konditormeister Brast auf besonderen Kundenwunsch modelliert wurde. Allerdings bat er darum, dass das Original vorab einmal zur Backstube gebracht werde, um dort Maß zu nehmen …

Befragt nach den größten erinnerten Katastrophen seiner beruflichen Laufbahn erzählt Herr Brast heute noch schaudernd die Geschichte vom 10-Liter-Schokoladenkessel, gefüllt mit frisch temperierter Kuvertüre, der einem Lehrling zu Boden fiel. Die Backstube musste nach dem Vorfall neu gestrichen werden.

Unvergessen bleibt auch die Geschichte von der mehrstöckigen Hochzeitstorte, die auf den letzten Metern der Auslieferungsfahrt im Wagen verrutschte. Ein fünfköpfiges Team, Annelie Kahlert mittendrin, war eine Stunde lang unter Hochdruck damit beschäftigt, die Torte wieder «in Form» zu bekommen, Rosen zu fertigen und das Werk zu dekorieren. Das Hochzeitspaar bekam pünktlich seinen Tortentraum, Ehrensache!

« Meine Mutter und Herr Brast haben ganz viel zusammen erlebt und durchgestanden und viele Ideen realisiert »

Gabi

Über viele Jahre ein starkes Team: Annelie Kahlert und Konditormeister Günter Brast

Westfälische Nachrichten

WN-PRÄSENTIEREN

RUTH LEUWERIK

SCHWARM UND IDEAL EINES JAHRZEHNTS

PROGRAMM

AUSSTELLUNG
Achtung Kamera
Szenen und Standfotos eines Stars vom 23. 9. bis 25. 11. 1994 im Stadtmuseum Münster, Salzstraße 28

WERKSTATTGESPRÄCH
am 24. 9. und 25. 9. 1994, 14–17.30 Uhr, im Vortragssaal Stadtmuseum
Leitung: Prof. Dr. Jens Thiele
Anmeldung: Filmwerkstatt Münster, Tel. 02 51/2 30 36 21

FILME
Roland-Theater
23. 9. Geliebtes Leben
Schloßtheater
25. 9. Die Rote
und Dorothea Angermann
Cinema
22., 24., 25. 9. Königliche Hoheit
22., 25. 9. Franziska
22., 24. 9. Liebling der Götter

23., 25. 9. Ein Tag, der nie zu Ende geht
23., 27. 9. Ein Alibi zerbricht
23., 27. 9. Taiga
24., 26. 9. Eine Frau fürs ganze Leben
26., 28. 9. Geliebtes Leben
26., 28. 9. Die Stunde, die du glücklich bist
27., 28. 9. Immer wenn der Tag beginnt

Eine Veranstaltung der Friedrich-Hundt-Gesellschaft e. V. und der Filmwerkstatt Münster in Zusammenarbeit mit dem Kulturamt der Stadt Münster, den Münsterschen Filmtheater-Betrieben und Helga Westphal. Unterstützt durch Filmbüro NW, Kultusministerium NRW, Stadt Münster, Stadtsparkasse Münster, Lortzingsaal, Vino Classico und private Spender.

Immer ganz großes Kino

Im Grotemeyer gingen Lokalpolitiker und Stadtprominenz, Schauspieler und Filmgrößen ein und aus. Geschäftsleute zogen sich für eine Besprechung in die hinteren Räume zurück, Liebespaare trafen sich gern im abgeschiedenen Theaterraum. Für die Mitarbeiter machte es keinen Unterschied, ob der Gast bekannt oder berühmt war oder nicht. «Auf so etwas habe ich nie geachtet», erzählt Luise Voss, die jahrzehntelang an der Kuchentheke stand und zuletzt über Marzipan und Pralinen wachte. Alle wurden mit größtmöglicher Aufmerksamkeit bedient, alle sollten sich gleichermaßen wertgeschätzt fühlen. Eine prominente Besucherin blieb dann aber doch besonders im Gedächtnis:

« Meine Mutter und Ruth Leuwerik – das war so ungefähr ein Jahrgang. Frau Leuwerik war nach dem Krieg ein gefeierter und verehrter Star. »

Gabi

Anlässlich des 70. Geburtstags der bekannten Film- und Theater-Schauspielerin Ruth Leuwerik gab es eine Retrospektive ihres künstlerischen Schaffens im Stadtmuseum. Filmwerkstatt, Filmtheaterbetriebe, Stadtmuseum und Ruth Leuweriks langjährige Freundin Helga Westphal bereiteten die Ausstellung und die filmische Retrospektive ebenso vor wie die abendliche Feier im Café Grotemeyer. Für Annelie war die Ausrichtung des Festes ein großes Ereignis, der selbstverständlich einen entsprechenden Rahmen verdiente. Die in Essen geborene

Schauspielerin war in Münster großgeworden und hatte ihre künstlerische Karriere am städtischen Theater begonnen. Wenn sie nach Beginn ihrer Filmkarriere nach Münster kam, logierte sie regelmäßig im Kaiserhof. Ruth Leuwerik war als Mensch bekannt, der gern an lieben Gewohnheiten festhielt und so wurde auf ihren Wunsch dort flugs ein Zimmer gebucht, obwohl das Hotel in jenen Jahren nicht so mondän war wie heute. Ein großes Thema war die Frage ob der Ehrengast mit dem Auto zum Hotel gebracht werden könnte, denn damals wurde die Durchfahrt auf der Salzstraße noch strikt reglementiert. Man beschloss, das Risiko in Kauf zu nehmen. Zur Not müsste man halt das «Knöllchen» oder auch eine ausgewachsene «Knolle» bezahlen. Eine elegante Limousine mitsamt Chauffeur fuhr schließlich nach einem überaus gelungenen Abend mit gutem Essen, Pianomusik und den nettesten Danksagungen seitens der Schauspielerin auf der Salzstraße 24 vor. Doch an diesem Punkt hatten sie die Rechnung ohne Ruth Leuwerik gemacht. Von der Salzstraße bis zum Kaiserhof mit dem Auto fahren? Keinesfalls! Da half kein Bitten und Lamentieren. Ruth Leuwerik setzte sich zu Fuß in Bewegung …

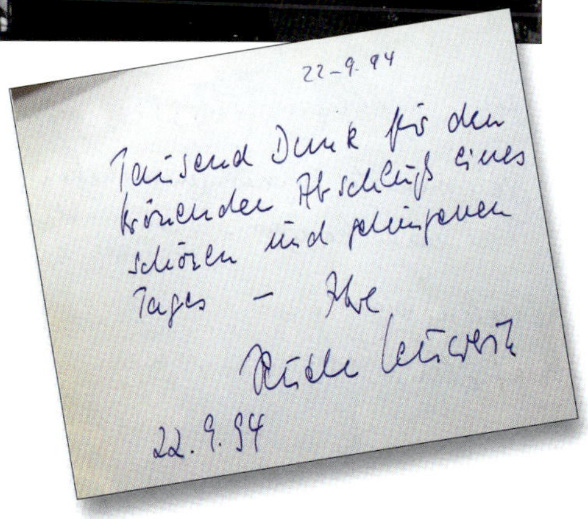

22-9.94

Tausend Dank für den krönenden Abschluß eines schönen und gelungenen Tages – Ihre Ruth Leuwerik

22.9.94

Die überaus liebenswürdige Dankeskarte von Ruth Leuwerik, die wenig später per Post eintraf, hing bis zum letzten Tag in der Kaffeeküche und hat die Familie lange erfreut.

« Ich erzählte Ruth, dass wir «Planer» uns noch einmal treffen. Sie sagte: «Helga, geben Sie kein Geld aus, ich schicke Ihnen einen Scheck.» Der war am nächsten Tag da. Sie hat dazu geschrieben: 3 Flaschen Champagner. Es war ein Scheck über 500,– DM. Da hätten wir noch eine Flasche mehr gekriegt! Diese Großzügigkeit – auch das war Ruth Leuwerik »

Helga Westphal

« Sie war eine Dame durch und durch – und eine mit Prinzipien …! »

Gabi

Die Zusammenarbeit mit den Filmtheaterbetrieben war kreativ und fruchtbar. Felix Esch, Senior-Geschäftsführer der Münsterschen Filmtheaterbetriebe, erinnert sich, dass Reinolf Kahlert ihn eines Tages ansprach, ob man nicht gemeinsam etwas machen wolle. Aus den anfänglichen Experimenten entwickelten sich eine ganze Reihe erfolgreicher gemeinsamer Veranstaltungen, z. B. für den Film «Charly und die Schokoladenfabrik», «Chocolat» oder 2003 anlässlich der Verleihung von gleich fünf «Goldenen Himbeeren» für «Swept Away» als schlechtesten Film des Jahres mit Madonna in der Hauptrolle! Die Grotemeyer-Torte gab es im Kino im Rahmen eines Filmquiz' zu gewinnen. Die glückliche Gewinnerin teilte großzügig und nahm Reste der Trophäe begeistert mit nach Hause.

Die Gewinnerin

Musik in allen Facetten, Theater und Kleinkunst gehörten von jeher zum Grotemeyer. Die Talkmasterin «Frau Möllenbaum» empfing jahrelang prominente Gäste, wie den Designer Dieter Sieger, im Café.

Möllenbaum-Talk mit dem Nikolaus

Jazz-Combo

Ehrengast Dieter Sieger

Die Organisation großer Veranstaltungen war ganz nach Reinolfs Geschmack: hier mit Monika Schiwy anlässlich des 1989 von ihm organisierten Bundes-Konditorenballs

Frauen und Unternehmen und die Geburtsstunde des WIB Dinners

Nach Annelies Rückzug aus dem Geschäft war es Gabriele Kahlert-Dunkel, die Tag für Tag im Verkaufsraum stand und darüber hinaus das kaufmännische Geschehen koordinierte. Einkauf, Bestellungen, Personalplanung und Personalführung, Organisation, Begrüßung von Gästen. Während Reinolf sie meist nachmittags ablöste, begann Gabrieles Tag frühmorgens. Wie ihre Mutter und Großmutter vor ihr managte sie ihre Berufstätigkeit und zog parallel dazu gemeinsam mit ihrem Mann die drei Kinder groß. Eine Herausforderung, die sie hoch forderte, die ihr aufgrund des Vorbilds der vorhergehenden Generationen auch normal schien. Für die Grotemeyer-Frauen waren Frauen in Führungspositionen gelebte Normalität.

Gabriele mit OB Markus Lewe und Festrednerin Magdalena Münstermann beim WIB-Dinner

1997 wurde der BPW, ein bereits in über 100 Ländern aktiver, internationaler Verband berufstätiger Frauen, in Münster mit Gabriele im Vorstand neu gegründet. 2 Jahre später initiierten 5 Frauen aus dem Verband ein Netzwerk für Unternehmerinnen und Frauen in Führungspositionen.

Als daraus 2001 der Verein ‹Frauen u(U)nternehmen› gegründet wurde, war Gabriele Vorstandsmitglied der ersten Stunde, von 2011 bis 2017 Erste Vorsitzende. Inspiriert durch die Jahrhunderte alte Tradition des Kramermahls, einer Männerdomäne, richtete Gabriele mit der Belegschaft des Grotemeyer im Jahr 2005 das erste Women in Business (WIB) Dinner im Rathausfestsaal aus. Mittlerweile hat sich die Veranstaltung in Münster etabliert und ist aus dem städtischen Leben nicht mehr wegzudenken. Das Café Grotemeyer war für beide Clubs stets Ort vieler Veranstaltungen und Treffen aller Art.

« Gabriele sagte gerne:
Fühlt Euch wie zuhause.
Wir danken unserer Clubfrau und Vorstandsfrau für die wunderbare Zeit (...). »

Renate Göttling,
1. Vorsitzende BPW Club Münster

Rathaussaal WIB Dinner

« Reinolf war analytisch sehr gut. Er hatte in guten wie in Krisenzeiten zündende Ideen – auch wenn meist ich diejenige war, die die Ideen dann zu Ende führte. Als es Reinolf gesundheitlich immer schlechter ging, hat es lange gedauert, bis ich mir eingestanden habe, dass es so nicht weiter geht. »

Gabi

Schwierige Entscheidungen

Ab der Wirtschaftskrise 2008 wurden die Zeiten für das Kaffeehaus schwieriger. Man hätte sich möglicherweise neu erfinden müssen, um die Wiener Kaffeehaus-Tradition in Münster für eine nächste Generation zu übersetzen. Doch sich neu zu erfinden hätte viel Mut und Kraft gekostet. Dass in den Jahren zuvor die anderen Traditionshäuser geschlossen hatten, machte die Sache nicht leichter. Die Aufgabe des «Schucan» war im Grunde der Anfang vom Ende der traditionellen Kaffeehaustradition in Münster, wie Gabriele Kahlert-Dunkel rückblickend sagt.

Gabi und Reinolf mit seiner Tochter Alice, die die Geschicke des Kaffeehauses viele Jahre lang mit gestaltete

Als Reinolfs Gesundheitszustand sich verschlechterte und die Grotemeyer KG ein lukratives Angebot bekamen, die Café-Räume im Erdgeschoss zu verpachten und sich auf der ersten Etage zu verkleinern, war es eine verführerische Möglichkeit für die nicht mehr ganz so jungen Geschwister ohne geregelte Nachfolge. «Uns ging es in allererster Linie darum, die eigene Produktion zu behalten, weder an der Qualität noch an der Firmenphilosophie zu rütteln. Und es ging – ganz wichtig – um unsere Mitarbeiter.»

Die Weihnachtsfeiern waren am allerschönsten …

« Die Angestellten wurden zu Mitgliedern der Familie – und hatten allerdings auch genauso zu funktionieren. Immer willkommen – und auch schnell vereinnahmt. »

Michael

In Einstellungsgesprächen gab es bei Grotemeyer einen Satz, der bei den Neuankömmlingen meist für Erstaunen sorgte: «Das Arbeitsverhältnis endet mit dem Eintritt ins Rentenalter.» Wer bitte kann sich denn mit 16 Jahren vorstellen, bis zur Rente im Betrieb zu bleiben? Tatsächlich gab es eine ganze Reihe von MitarbeiterInnen und Mitarbeitern, die dem Grotemeyer über Jahrzehnte die Treue hielten.

Ein echtes «Urgestein» im Betrieb war Luise Voss, die 1950 16jährig ins Kaffeehaus kam und sich bestens an alles erinnert. Sie hatte 1948 die Schule beendet und bereits zwei Jahre Arbeitserfahrung als Kindermädchen gesammelt. Als sie sich bei Antonia Grotemeyer vorstellte, sagte die nur: Fangen Sie an! Die junge Luise half morgens mit, die Marmor-Fussböden zu bohnern. Diese Riesenflächen, in gedämpftem Rot mit Beige gemasert, sieht sie noch heute deutlich vor sich! Hinter der erweiterten Kaffeeküche führte eine Treppe nach oben in den Privatbereich. Auf dem Boden stand ein kleiner Ofen, da wurden die Windeln

2. von re. oben: Luise Voss. Unten von li.: Else Grotemeyer, Annelie, Jorg, Jorgs Schwester Elli Poremba, Reinolf, Antonia, Annelies Bruder Paul, Hugo.

eingekocht – Reinolf war zu dem Zeitpunkt drei Jahre alt, Gabriele gerade geboren. Wo sie gebraucht wurde, flitzte Luise rauf und runter. Mittags kochte sie das Mittagessen. Sie half auch in der Spülküche – es musste ja alles von Hand gespült werden. Nachmittags kamen die Konditoren aus der Backstube und halfen beim Kellnern. In den 50ern trugen die Kellner noch schwarze Anzüge und die Serviererinnen hatten ein Häubchen auf. Die Häubchen wurden noch Jahre später scherzhaft mit Tortenspitzen simuliert.

Luise Voss mit Gabi

Die großen Bleche mit Kuchen und Plätzchen sieht Frau Voss auch deutlich vor sich: «Wir kannten ja nichts! Kuchen, wann gab's das denn zu Hause? Das war ja der pure Luxus!» Einmal, so erinnert sie sich, kam sie durch die Backstube an den vorbereiteten Plätzchenblechen vorbei und probierte ein einziges Mal ein kleines Stück Mürbteig. Onkel Pauls Stimme hinter ihr fragte: «Hat's geschmeckt?» Gar nicht böse, aber Luise wäre vor Scham am liebsten unter den Tisch gekrochen. Jahrelang habe sie nichts mehr angerührt, auch wenn ihr gesagt wurde: Luise, Du darfst das essen. Eine schreckliche Erinnerung, da musste in ihrem Inneren erst Gras drüber wachsen.

Jüngere Mädchen

für leichte Arbeiten im Betrieb und Küche gesucht.

Café Grotemeyer, Salzstraße

« Wenn ich vom Zug kam, musste ich als Erstes Antonia eine Tasse Milch und eine Scheibe Schwarzbot bringen, das weiß ich noch ganz genau. Die schrieb dann früh morgens die Backzettel für die Konditoren. »

Luise Voss

Die schönsten Erinnerungen hat sie an die gemeinsamen Weihnachtsfeiern. Der Betrieb lief ja auch am Heiligen Abend durch. Freie Tage waren selten. Große Familienfeste, ob Taufen oder Hochzeiten, mussten daher bei Grotemeyers immer an einem der fünf freien Tage des Jahres gefeiert werden! Waren am 24. Dezember alle Gäste gegangen und die Türen geschlossen, setzten die Kellner die Tische nach Annelies Wünschen um. Die Küchenbelegschaft machte bunte Platten, schnitt Stollen auf. Jahre später gab es sogar ein warmes Essen, das vom Gasthaus Leve angeliefert wurde. In den 50er Jahren war alles noch einfacher. «Wir hatten ja alle nicht viel.» Dennoch waren diese und andere Feste im Caféhaus auch in der Erinnerung von Konditormeister Brast, der mit 16 Jahren zu Grotemeyer in die Lehre kam, immer etwas ganz Besonderes. Neben dem Weihnachtsgeld gab es für jeden Mitarbeiter und jede Mitarbeiterin ein persönliches Geschenk, das Annelie, später gemeinsam mit Gabi und Reinolf, ausgesucht hatte. Annelie hielt die Weihnachtsansprache: «Was wäre ich ohne meine Angestellten, was wäre ich, wenn ihr nicht mitziehen würdet!» Über diesen aufrichtigen Dank und die nicht nur zu Weihnachten empfundene Wertschätzung freuen sich Luise Voss und Günter Brast noch heute.

« Weihnachten haben die Leute Schlange gestanden. Die kamen aus Düsseldorf und Lübeck, von überall her. »

Luise Voss

« Frau Kahlert hat später immer gesagt: «Luise, Du kriegst jetzt ein Stück Baumkuchentorte. Von mir aus hätte ich die nie angeschnitten, weil ich weiß, was für eine edle Torte das ist. »

Luise Voss

Beide gingen für einige Jahre in andere Betriebe, kehrten aber zurück. Herr Brast, der sich eine Führungsposition als stellvertretender Betriebsleiter erarbeitet hatte, verließ Grotemeyer tatsächlich erst mit dem Eintritt ins Rentenalter. Luise Voss, die sich aus der Kaffeeküche nach vorne vorgearbeitet hatte, stand auch am allerletzten Tag bei Grotemeyer im Laden, verkaufte Köngsberger Marzipan, Teegebäck, Pralinen und Petit Fours.

Frau Voss in «ihrem» Laden

Generationen von Mitarbeitern feierten mit der Familie

Neue Räume schaffen:
Das Grotemeyer im neuen Stil

« Nur ich kann jetzt noch sehen:
Das hier ist der Theaterraum.
Hier ist der Poetenwinkel … »

Gabi

Gabriele Kahlert-Dunkel hat das neue Kaffeehaus sehr bewusst neu gestaltet. Es gab neue, bequeme Ledersessel, neues Geschirr, eine moderne Gestaltung des Thekenbereichs. Auf gewisse Weise konnte sie das Grotemeyer doch noch einmal neu erfinden und den Möglichkeiten ihrer Zeit und Lebensphase anpassen. Im kleinen Eingangsbereich im Erdgeschoss, dem neuen Verkaufsraum für Teegebäck, Marzipan und Pralinen, hingen die Gründer wie eh und je. Die Gäste fanden im ersten Stock neben modernen Elementen eine Reihe liebgewonnener Grotemeyer-Bilder wieder. Ob sie erkannt haben, dass Gabriele auch hier Räume schaffte? Kam man die Treppe herauf, begegnete man als Erstes Hugo und Antonia in den Gemälden von Fritz. Die beiden Bilder hingen immer in der Privat-Wohnung im I. OG – genau an dieser Wand – und sollten ihr Zuhause nicht verlieren. Die Großeltern blieben, das Café kam zu ihnen herauf. Erreichte man den obersten Treppenabsatz, sah man rechter Hand den «Orientraum». Geradeaus fiel der Blick durch die Sprossenfenster oder bei schönem Wetter auch durch die offenen Fenster geradewegs auf Schlauns wunderbaren Barockbau. Zu besonderen Anlässen, wie der Nacht der Museen und Galerien im September, wenn Opernarien vom Balkon des Erbdrostenhofs herüberschallten, gab es gewiss kaum einen schöneren Platz in der Stadt. Wandte man den Blick nach links, fand man das Sendbild. Daneben Else Grotemeyer im Übergang zum Theaterraum mit

Lortzing und dem Theater im Rombergschen Hof. Und selbstverständlich – das Selbstportrait von Onkel Fritz.

Reinolf Kahlert

Wie ist es, dass die Gastronomie im Erdgeschoss einen so ganz anderen, eigenen Stil hat als das Café Grotemeyer? Reinolf hat es damals sehr schwer getroffen. Für Gabriele war und ist es eher eine Erleichterung: Nur sie kann beim Betreten der ehemaligen Kaffeehausräume die Vergangenheit sehen: «Das hier ist der Theaterraum. Das ist der Poetenwinkel … – Die Entscheidung war unseren persönlichen Möglichkeiten geschuldet. Wirtschaftlich war der Betrieb oben vorteilhafter, viel überschaubarer, weniger personalintensiv. Durch das Tageslicht und den wunderbar freien Blick auf den Erbdrostenhof habe ich mich mit dem Wandel versöhnt. Und unsere Gäste haben es auch.»

Reinolf starb überraschend im Jahr 2015. Bis zum Schluss hatte er Pläne.

Ein mutiger Sprung in ein neues Leben

Gabriele entschied sich erst im Frühjahr 2019, das Angebot ihrer Erdgeschossmieter «Hans im Glück» anzunehmen und auch die erste Etage zu vermieten. Ihr war es wichtig, das Kapitel selbstbestimmt zu beenden und den Abschied zu gestalten. Das Caféhaus Grotemeyer in der fünften Generation zu schließen, das für sie und ihre Familie so viel bedeutet hat, war ein mutiger Sprung in ein neues Leben.

«Ich wollte springen, so lange ich noch springen kann.»

Ich geh'
dann jetzt

... und was bleibt?

Gabriele mit ihrer Groß-
mutter Toni auf Reisen

Ein Gespräch über Kaffeehauskultur

Gabi, du hast mir einmal erzählt, dass deine Großmutter dich auf Reisen in andere Städte mitgenommen hat?

Ich habe Städte immer anhand der ersten Kaffeehäuser der Stadt kennen gelernt. Wir fuhren mit dem Zug, kamen am Bahnhof an und setzten uns in ein Taxi. Meine Großmutter sagte: «Bringen Sie uns zum Ersten Haus am Platze.» Jede Stadt war sofort mit einem Kaffeehaus verknüpft. Und wenn jetzt jemand zu mir sagt: Göttingen – dann sage ich «Krone und Lanz». Wenn einer sagt: Osnabrück, dann sage ich «Leysieffer». Und wenn einer sagt: Düsseldorf, dann sage ich «Bittner». Und das nicht nur für Düsseldorf, Berlin und Frankfurt, sondern auch Göttingen oder Wiesbaden. Städte und ihre Cafés … Daran habe ich heute noch Freude.

« Nenn' mir eine Stadt und ich sage Dir das Café »

Gabi

Wie war das für dich als Kind?

Sehr spannend! Interessant war, glaube ich, dass man in den Cafés sofort etwas über die Stadt erfuhr. Das war mir als Kind natürlich nicht so klar. Aber wenn ich heute darüber nachdenke: warum war das damals so etwas Besonderes … Wie waren die Leute gekleidet? Wie sahen sie aus? Wie voll war es? Waren dort eher die Damen mit Hut oder waren es eher Studenten? Ich glaube, was zu diesem Schönen, Besonderen beitrug: Ein Café ist nicht so steif wie ein Restaurant. Man hätte ja auch sagen können: Wir gehen jetzt erst einmal essen und suchen uns das beste Restaurant aus. Aber ein Café bedeutete immer auch Leichtigkeit. Man musste nicht so viel essen und auch nur Sachen, die ich als Kind sowieso gerne mochte.

Attraktiv!

Ja. Es gab immer etwas zu Lesen. Man konnte sich die Leute angucken. Es war für mich eine geniale Wahl. Es war auch nicht so anstrengend. Wir hätten natürlich auch in ein Museum gehen können …

Das ehemalige Café Middendorf

Allerdings! Meine Eltern gingen überall als Erstes in die Kirche! – Menschen, zumindest früher war das in meiner Wahrnehmung so, gingen nicht zwingend ins Café, um etwas zu essen. Wenn man in ein Kaffeehaus geht, hat das einen anderen Impuls.

Genau. Ich muss nicht zwingend etwas essen. Ich bin nicht allein, ich kann aber alleine sein. Ich kann viel sehen, ohne dass ich selber aktiv werden muss. Es ist nicht so anstrengend. Es ist Freizeitgestaltung. Schön ist es auch, wenn man bedient wird.

Du meinst, es hat einen Hauch von Luxus, aber in der Regel einen, der erschwinglich ist?

Ja! Erschwinglicher Luxus! Du wirst bedient. Es hat auch etwas von … Dame sein. Meine Mutter sagte immer zu meiner Tochter: Wir spielen jetzt feine Dame, um ihr Tischmanieren usw. beizubringen. Man konnte als Kind im Café feine Dame spielen, ohne dass es zu viel war. Es war einfach spannend! Ich habe mich immer schon für Menschen interessiert.

War das Grotemeyer für dich auch ein Ort, an dem du Menschen beobachten konntest? Oder war dazu gar keine Zeit, als du erwachsen warst?

Bei uns im Café bin ich nie als Gast gewesen. Weil ich natürlich immer darauf geachtet habe, ob alle richtig bedient werden. Muss ich irgendwo einspringen? Sehe ich jemanden, mit dem ich gern sprechen möchte? In meinem eigenen Café zu sitzen, war etwas ganz anderes. Es war aber gar nicht ungewöhnlich, in die anderen Cafés der Stadt zu gehen. In der Hauptblütezeit gab es sehr viele Cafés. Du konntest mit dem Café Servatii anfangen, dann gab es Gottenbusch an der Ecke zur Promenade. Dann ein kleines Café am Ende der Salzstraße. Rechts herunter konnte man zu Café Henke gehen. Weiter zu Café Middendorf. Geradeaus ging man zu Kleimann. Dann zu Schucan. In die Ludgeristraße zu Krimphove. Am Ludgeriplatz zu Café Müller. Und am Bahnhof zurück über Café Bücker. Es gab einen guten Austausch der Konditoren untereinander, besonders die Konditoren-Frauen haben sich zusammengetan. Es gab einen gemeinsamen Kegelclub. Wenn man früher, zur Adventszeit oder zu Ostern schauen ging, was die anderen im Schaufenster haben, hatte man schon einen richtigen Rundgang. Wenn der eine den anderen durchs Fenster gesehen hat, abends, wurde man immer hereingerufen. Dann haben wir mit den Kollegen und Kolleginnen gefachsimpelt. Das war eine sehr schöne Zeit. Und die anderen sind auch zu uns gekommen, klar. Über das Schaufenster hat man immer sehr viel kommuniziert.

« Reinolf hat immer behauptet, ich hätte als ganz kleines Mädchen beim «Vater unser» gesagt: «Wir vergeben unserem Schucan (weil ich das Wort «Schuldigern» nicht verstanden hatte). Schucan muss schon irgendwie ein Thema gewesen sein! »

Stichwort Schucan – war das eine große Konkurrenz für euch?

Schucan war schon eine Konkurrenz. Aber wir empfanden uns ebenbürtig. Es war immer klar: Schucan ist auf dem Prinzipalmarkt, das ist die erste Reihe, wir sind auf der Salzstraße. Diese Abstufung gab es. Die Philosophie meines Bruders Reinolf war: Die Zweiten müssen immer besser sein als die Ersten. Wir müssen mehr Ideen haben! Wir dürfen nicht ganz so teuer sein. Da wirkt das Prinzip: Konkurrenz belebt das Geschäft. Um bestehen zu können, muss man im Grunde besser sein. Gleichzeitig haben wir uns gut verstanden. Es gab immer die respektvolle Anerkennung der Leistung der anderen. Wir haben gegenseitig kein Personal abgeworben, keine Ideen oder Rezepte kopiert. Da gab es ungeschriebene Gesetze.

Wie war es später, als Schucan nicht mehr da war?

Als Schucan geschlossen hat, das war der Anfang vom Ende. Manche, die sich in der Branche nicht auskennen, haben gesagt: Wunderbar für euch. Die eigentliche Konkurrenz ist weg. Die Hauptkonkurrenz. Aber Reinolf und ich haben immer schon gesagt: Wenn es ein Kaffeehaussterben gibt und die Kaffeehauskultur in einer Stadt nicht aufrechterhalten wird durch viele, die alle etwas unterschiedliche Schwerpunkte haben – dann wird es schwierig. Wenn man alleine ist, kann man eine Kaffeehauskultur kaum aufrechterhalten. Du musst mehr bieten als EIN Kaffeehaus. Es muss normal sein, in Kaffeehäuser zu gehen, ohne lange Anreise. Es müssen genügend Plätze da sein.

» Wenn die Kaffeehauskultur in einer Stadt nicht aufrechterhalten wird durch viele Häuser mit unterschiedlichen Schwerpunkten – dann wird es schwierig. «

Gab es gefühlt einen Typus Kaffeehausbesucher, der eher hier oder dort war?
Ich bin viel bei Kleimann gewesen als Schülerin. Andere Schüler haben sich bei Grotemeyer getroffen. Bei Schucan waren eher Studenten. Zu Deiner Eingangsfrage: Wenn wir woanders zu Gast waren, haben wir auch immer die eigenen Gäste getroffen. Es gibt natürlich diejenigen, die das Grotemeyer favorisiert haben oder das Schucan – aber die sind immer auch in die anderen Cafés gegangen. Ein Kaffeehausgänger geht oft ins Café, in unterschiedliche Cafés. Und die Gäste haben auch gesagt – und das hätte ich als Privatperson genauso gesagt: Diese Torte esse ich nur bei Schucan. Und diese nur bei Grotemeyer …

Hängt der Wandel der Kaffeehauskultur mit einem Wertewandel zusammen? Früher beispielsweise ging eine Dame auch ins Café, um in Ruhe eine Zigarette zu rauchen …
Ja, richtig. Es war verpönt, auf der Straße zu rauchen. Oder zu essen. Undenkbar! Heute ist es oft umgekehrt. Essen, Trinken …

Genau: Stichwort Coffee to go. Für uns ein no go! Warum soll ich laufen und gleichzeitig heißen Kaffee in mich hineinschütten? Jetzt kann man sich aber auch kritisch fragen: Was ist uns daran so wichtig?
Die Frage ist sicher auch, wie wichtig ist einem Tischkultur? Was ist die kulturelle Errungenschaft, was hat das mit Zivilisation zu tun? Als Feller zugemacht hat, der Nachfolger von Schucan, der noch acht Jahre nach Schucan

den Laden geführt hat … das war vielen vielleicht gar nicht so klar, dass das nicht mehr Schucan war … Sie hatten nicht mehr die Milchkännchen, sondern diese portionierten Plastikdinger. Da hörte die Kultur für mich schon wieder auf. Das gehört nämlich auch alles dazu. Das Porzellan, das Silber. Wir haben unsere Silber-Teelöffel abgeschafft nach Schucan. Nach Claire Schucan. Claire Schucan hat ihr Silberbesteck in der Schublade gelassen, weil es einfach zu oft geklaut wurde.

Das wäre jetzt meine Frage gewesen: Wurde viel geklaut?
Ja, schon! Früher war das nicht das Problem, aber es wurde mit der Zeit zu einem Problem. Dann ist Schucan zu Chromargan übergegangen und wir sind nachgezogen. Das ist der Vorteil, wenn man der Zweite ist, dann kannst du sagen: Wenn die das nicht mal mehr brauchen, dann kann man es von uns auch nicht verlangen.

Also, wenn früher zitiert wurde: jeder fängt in der Kaffeeküche an, Löffelchen putzen, dann meinte das: Silber putzen?
Ja, auch! Heute kriegst du in vielen Cafés keine Untertasse, man bekommt einen Pott. Allein schon dieser Ausdruck! Du bekommst keine Kännchen mehr. Entweder eine Tasse oder einen Pott …

Ich hatte eine sehr geliebte Tante, die es verstand, aus jedem Essen, und sei es eine Erbsensuppe, ein Ereignis zu machen, so als serviere sie Kaviar. Einfach durch die Art und Weise, wie und in welchem Porzellan, mit welchem Tischschmuck sie es angerichtet hat. Das ist etwas, was ich mir zu Eigen gemacht habe. Kleinigkeiten durch einen bestimmten Stil zu feiern. Jeden Tag. Es ist eine Frage der Haltung, oder?
Ja! Und es ist im Café leichter als im Restaurant, das mit einfachen Mitteln zu erreichen. Du kannst das alles realisieren und du kannst es gleichzeitig locker machen. Ein Kaffeehaus bietet sich an, um Kindern Kultur beizubringen.

Dass ich das so schön finde, das hat natürlich meine Großmutter mit unseren Kaffeehausreisen erreicht. Und für sie war es gleichzeitig auch interessant. Sie hat es genossen, aber sie wollte auch immer etwas lernen, Inspiration bekommen. Diese Dinge waren Antonia immer wichtig. Ich habe als Kind das Glück gehabt, diese Freude mit ihr zu teilen. Meine Großmutter war ja eigentlich erst mit ihren Enkeln so nah und so vertraut, so menschlich anders. Für meine Mutter war Toni immer die Chefin, aber für mich die Großmutter. Und sie war immer auch die Kaffeehausbesitzerin.

Gabi trocknet Kaffeelöffel

Was ist denn jetzt eigentlich das Entscheidende für Kaffeehauskultur?
Kaffeehauskultur. Wir sagen das so dahin … Es hat etwas Großstädtisches. Etwas Weltoffenes. Es ist traditionell mit Künstlern verknüpft. Künstler, Dichter wie Maler, haben sich früher im Kaffeehaus lange aufgehalten. Warum? Weil sie Anregungen bekommen konnten.

Es gibt nur noch sehr wenige traditionelle Kaffeehäuser. Insofern haben sich unsere täglichen Begrifflichkeiten gewandelt. Wir sprechen vom Barrista-Laden oder von der Kaffee-Bar oder … Nimm doch mal die «Röstbar» oder «Die Bohne» am Ludgeriplatz, beide ganz wunderbar! Beide Läden rösten auch immerhin ihren Kaffee selber. Ist das für dich Kaffeehauskultur?
Dafür ist es zu klein, glaube ich, du musst eine gewisse Größe haben. Sonst ist es eher wie ein Wohnzimmer. Aber natürlich ist es eine echte Kaffee-und Café-Kultur und wir haben in Münster durchaus Läden, die auf Stil achten.

Also ein richtiges Kaffeehaus braucht eine gewisse Größe?
Ja, unbedingt. Mit unserem Umzug in die erste Etage wurde es auch bei uns schon grenzwertig. Ein Kaffeehaus lebt von vielen Menschen. Dicht aufeinander dürfen sie schon sein. Aber wenn da nur wenige sind, dann ist man wie an einem großen Tisch. Wie in einem großen Zimmer. Es müssen schon Räume sein …

Vorhang auf: Original-Rezepte aus dem Hause Grotemeyer

«Ach, wenn wir doch nur dieses Rezept haben könnten … !»
Von Himbeer-Philadelphiatorte bis Grotemeyer-Spezial: Originalrezepte aus Grotemeyers Konditoren-Schatztruhe inklusive Konditormeister-Tipps von Günther Brast, der vierzig Jahre lang in Grotemeyers Backstube zauberte …

Grotemeyers Stachelbeer Baisertorte

Stachelbeeren abschütten, den Saft auffangen. Den gebackenen Mürbteigboden mit etwas Marmelade bestreichen, Biskuit auflegen und mit einem Ring umstellen. Den Biskuitboden dabei ggf. mit den Fingerspitzen etwas Richtung Rand ausdehnen.

60 g Saft mit dem Puddingpulver verrühren. 340 ml Stachelbeersaft aufkochen. Puddingsaft unter den kochenden Saft rühren, bis die Flüssigkeit andickt. Die Stachelbeeren kurz und behutsam unterheben, damit die Früchte unversehrt bleiben. Die angedickten Stachelbeeren auf dem Biskuitboden verteilen und abkühlen lassen.

Für die Baisermasse Eiweiß zu steifem Schnee schlagen, dabei Zucker nach und nach einrieseln lassen. Die Baisermasse über die Stachelbeeren streichen, dann mit einem Messer leicht hochziehen (igeln). Alternativ eine dünne Schicht Eiweissmasse in die Mitte der Torte streichen. Das restliche Eiweiß mit einer Spritztulle (groß) rundum in lockerer S Form aufspritzen. Einige Mandelblättchen in den Mittelkreis streuen.

Den Backofen auf «Grillen» stellen (ca. 230 Grad) und goldgelb abflämmen. Das geht innerhalb von Sekunden, die Torte dabei nicht aus den Augen lassen!

Die Torte nach dem Grillen aus dem Ring lösen und auf eine Platte setzen. Seitlich ggf. mit gerösteten Mandelblättchen dekorieren.

Zutaten:

Torten-Ring 26 Durchmesser

Böden:
Ca. 250 g Mürbteig, Grundrezept Seite 129
Restteig für Torteletts oder Plätzchen verwenden.

1 Lage Biskuitboden, nicht dicker als 1 cm
Grundrezept Seite 128

Füllung:
80 g Stachelbeer- oder Himbeermarmelade
2 Gläser Stachelbeeren à 720 g Füllgewicht
1 P. Puddingpulver

Baiserdecke:
2 Eiweiß
50 g Zucker
1 Prise Salz
50 g geröstete Mandelblättchen

Grotemeyers Butterkuchen

Zutaten:

Boden:

350 g Mehl
50 g Zucker
36 g Butter
2 Eigelb
165 g Milch
36 g Hefe
eine doppelte Prise Salz
Bourbon-Vanillezucker
etwas abgeriebene Zitronenschale
50 g Rosinen optional

Belag:

80 g kalte Butter zum Belegen
50 g gehobelte Mandeln
50 g gestiftete Mandeln
140 g Zucker
170 g Butter zum Buttern

Mehl in eine Schüssel geben, mit dem Löffel eine Mulde eindrücken. Zucker, Eigelb und Gewürze in die Mulde geben. Die Hefebröckchen rundum oben auf den Rand setzen, damit Fett und heiße Milch später nicht unmittelbar mit der Hefe in Kontakt kommen.

Milch auf ca. 40 Grad erwärmen, Butter darin auflösen. Die erhöhte Temperatur der Flüssigkeit verkürzt die Garzeit! Den Teig ca. 10 Minuten in der Küchenmaschine kneten, bis er ganz geschmeidig und seidig weich ist.
Die Rosinen waschen und nur kurz unterkneten.

Ein Backblech (ca. 41 x 31 cm) mit Backpapier auslegen.

Hefeteig 2 Mal kurz angehen lassen, dann dünn ausrollen und mit einer Gabel gleichmäßig einstechen. Aus 80 g gut gekühlter Butter mit dem Messer kleine Butterflöckchen machen u. gleichmäßig auflegen. Anschließend gestiftelte und gehobelte Mandeln aufstreuen. Zum Schluss den Zucker darüber streuen.

Wenn der Teig sich in der Höhe fast verdoppelt hat, in den vorgeheizten Ofen schieben und bei 180 Grad Heißluft schön gleichmäßig goldgelb backen. Der Teig geht beim Backen noch einmal sehr auf!

Den Butterkuchen direkt nach dem Backen mit 170 g aufgelöster Butter vorsichtig bestreichen.

Der Hefeteig lässt sich alternativ ideal für Pflaumen- oder Apfel-Streuselkuchen verwenden.
Grundrezept Streusel Seite 129
Sehr lecker ist der Butterkuchen auch mit Rosinen!

Grotemeyers Berner Kirschtorte

Zutaten:

Boden:
100 g Zartbitter-Kuvertüre
mit 60% Kakaoanteil,
200 g gemahlene Haselnüsse
(alternativ Mandeln)
180 g Zucker
8 Eiweiß
je 1 Prise Nelke und Salz
½ Tl. Zimt

Füllung:
1 Glas Sauerkirschen
1 P. Tortenguss (klar)
1 El. Zucker
2 El. Rum
400 ml Sahne
2 P. Sahnesteif
2 Tl. Zucker
100 g Zartbitter-Kuvertüre

Gemahlene Haselnüsse in einer trockenen Pfanne leicht anrösten und abkühlen lassen. Kuvertüre mit dem Messer in Streifen schaben und dann ziemlich klein hacken. Eiweiß mit dem Zucker zu steifem Schnee schlagen. Die restlichen Zutaten einschließlich Gewürzen mit einem großen Schneebesen vorsichtig unterheben.

Den Boden einer 26 cm Backform mit Backpapier auslegen und die Masse einfüllen. Bei 180–190 Grad, 2. Schiebeleiste, im vorgeheizten Ofen ca. 25 Minuten backen, zügig aus der Form nehmen, Backpapier ablösen. Der Boden sackt leicht ein.

Sauerkirschen in einem Sieb abtropfen lassen, Saft auffangen. Boden auskühlen lassen u. mit 1–2 El. Rum beträufeln. Die Sauerkirschen auf den Boden geben, dabei ggf. 12 Kirschen zur Dekoration zurück behalten.

Tortenguss mit dem Kirschsaft nach Packungsanweisung zubereiten, über die Kirschen geben.

Je nach Vorliebe 300-400 ml Sahne schlagen, mit 1–2 gestrichenen Tl. Zucker süßen. Eine kleine Menge für die Sahnetupfen kühl stellen. Geschlagene Sahne auf die Mitte setzen und kuppelförmig aufstreichen.

Mit einem scharfen Messer dünne Späne aus der Kuvertüre schaben, die Torte mit Kuvertüre-Raspeln verzieren. Pro Stück einen Sahnetupfen aufspritzen, evtl. eine Kirsche auflegen.

Grotemeyers Aprikosen-Schmandtorte

Zutaten:

Boden:
125 g Butter
125 Zucker
3 Eier Größe M
1 Prise Salz
etwas frisch abgeriebene Zitronenschale
etwas Vanillemark oder Bourbon-Vanillezucker
125 g Mehl
1 gestr. Tl. Backpulver

Belag:
250 ml Milch
20 g Puddingpulver
30 g Zucker
1 Eigelb
1 Prise Salz
etwas Vanille
400 g Schmand
1 große Dose Aprikosen oder
1 kg frische Aprikosen
80 g Aprikosenmarmelade

Boden einer 26er Springform mit Backpapier auslegen.

Butter, Zucker und Gewürze aufschlagen. Eier nach und nach zugeben. Zum Schluss die gesiebte Mehl-Backpulvermischung zugeben, verrühren und in die Form füllen.

Ca. 30 Minuten bei 180 Grad / 2. Schiebeleiste von unten abbacken.

Etwas Milch, Eigelb und Puddingpulver mit Vanille und Salz verquirlen. Die restliche Milch mit dem Zucker aufkochen, die vorbereitete Puddingmischung einrühren. Zügig den Schmand unterziehen, bevor die Puddingmasse zu stark eindickt.

Die Pudding-Schmandmasse sofort auf die angebackene Torte streichen. Aprikosenhälften von außen nach innen kreisförmig auflegen. Weitere 15 Minuten backen.

Den Kuchen in der Form etwas abkühlen lassen. Aprikosenmarmelade erwärmen, die Aprikosen mit der flüssigen Marmelade abglänzen.

Frische Aprikosenmarmelade
bekommt mit einem Schuss Campari
oder einigen Lavendelblüten
besonderen Pfiff

Kuchen aus der Form lösen. Gekühlt servieren.

Diese Torte war bei Grotemeyer ganzjährig sehr beliebt. Saisonal können Sie die Torte mit frischen Früchten backen. Falls Sie Tortenguss verwenden, rühren sie ihn mit Aprikosensaft an. Sparsam verwenden!

Grotemeyers Himbeer-Philadelphiatorte

Den gebackenen Mürbteigboden mit 80 g Marmelade bestreichen. Den Biskuitboden auflegen, mit einem Tortenring umstellen (am besten mit einem Aluring). Biskuit mit den Fingerspitzen zum Rand drücken.

Philadelphia, Joghurt, Puderzucker und Vanillezucker miteinander verrühren. Gelatine in kaltem Wasser mindestens 5 Minuten einweichen. Sahne steif schlagen. Gelatine aus dem Wasser nehmen, leicht ausdrücken und durch Erwärmen auflösen (dabei auf keinen Fall kochen). Ca. 3 El. kalte Philadelphia-Masse in die aufgelöste Gelatine einrühren, dann die Gelatinemasse unter die restliche Philadelphiacreme rühren. Anschließend die Sahne vorsichtig unterheben und in die vorbereitete Form geben.
Kalt stellen (ca. 24 Std.)

Mandelblättchen in einer trockenen Pfanne goldgelb rösten, abkühlen lassen. 80 g Himbeermarmelade durch ein Sieb passieren. Eine sehr dünne Schicht Himbeermarmelade auf der Oberfläche der Torte verteilen.

Zutaten:

Böden:
1 Mürbteigboden, ca. 250 g Teig
Grundrezept Seite 129
alternativ einen Linzer Boden,
Grundrezept Seite 130

1 Lage Biskuit ca. 1 cm hoch
Grundrezept Seite 128 und den Rest einfrieren

Füllung:
80 g Himbeermarmelade
250 g Philadelphia
150 g Naturjoghurt
20 g Vanillezucker
60 g Puderzucker
500 g Sahne
6 Blatt Gelatine

80 g Himbeermarmelade
500 g frische Himbeeren
80 g Mandelblättchen

Auch mit tiefgekühlten Himbeeren gut! In diesem Fall die Torte ggf. hauchdünn mit Tortenguss abglänzen.

500 g Himbeeren auf den Himbeerspiegel setzen. Hauchdünn mit Himbeermarmelade abglänzen.

Mit den gerösteten Mandelblättchen und nach Belieben mit Sahnetupfen ausgarnieren.

Grotemeyer Spezial

Einen Mürbteig oder alternativ einen Linzer Boden nach Grundrezept zubereiten. Aus 250 g Teigmasse einen Boden von 26 cm backen. Den Restteig für Torteletts oder Plätzchen verwenden.

Einen Biskuitboden nach Grundrezept anschlagen. Von der fertigen Biskuitmasse ca. ¼ abnehmen, mit 1 El. Kakao einfärben, beides getrennt in einer 26 cm Backform abbacken.

Aus den Biskuitböden (hell und dunkel) mit einem großen Tortenmesser oder Kuchendraht die dünnen Böden schneiden. Den übrigen Biskuit für einen anderen Kuchen einfrieren oder für Linzer Boden verwenden.

Aus der Milch mit 1 P. Puddingpulver, 1 Prise Salz, etwas Vanille und 80 g Zucker nach Packungsanweisung einen Vanillepudding kochen. Abkühlen lassen, dabei mit feuchter Folie bedecken, damit sich keine Haut bildet.

150 g Sauerkirschen erhitzen, mit 1 El. Puddingpulver, 1 El. Zucker und 2 El. Kirschsaft aufkochen, so dass die Masse andickt. Abkühlen lassen.

Mürbteigboden mit der Ananaskonfitüre bestreichen. Aus dem Marzipan bleistiftdicke Rollen formen u. spiralförmig auf den Mürbteig legen. Nougat in etwa bleistiftdicke Stifte schneiden, ebenfalls rollen und aneinandergesetzt in die Marzipanspirale legen. Dann Aprikosen und eingedickte Kirschen klein hacken (Durchmesser ca. 0,5 cm).

Zutaten:

Böden:
1 dünner Mürbteigboden, alternativ 1 dünner Linzer Boden Grundrezepte Seite 129/130
2 dünne Biskuitböden und
1 dünne Lage Schokobiskuit Grundrezepte Seite 128

Füllung:
80 g Ananaskonfitüre
80 g Nussnougat
80 g Marzipanrohmasse
20 ml Rum
150 g Sauerkirschen (frisch oder aus dem Glas)
5 halbe Aprikosen (aus der Dose)
500 ml Milch
1 P. Puddingpulver
1 Prise Salz
etwas Vanille
80 g Zucker
250 g Butter
80-100 g Kuvertüre für Schokoladenspäne
16 Belegkirschen oder Physalis
Sauerkirschen

Wenn die Vanillecreme erkaltet ist, daraus zusammen mit der Butter eine Buttercreme fertigen. Pudding u. Butter sollten dafür ungefähr die gleiche Temperatur haben (siehe Grundrezept Seite 132). Ca. 50 g für Tupfen abnehmen und kühl stellen.

Sobald die Creme glatt ist, zügig 20 ml. Rum, die gehackten Aprikosen und Kirschen unterrühren. Ist die Creme zu steif, am Topfboden ggf. leicht erwärmen. Die Nougat-Marzipanspiralen mit etwas Buttercreme bedecken und einen Biskuitboden auflegen. Die Creme kuppelförmig aufstreichen und mit dem Schokobiskuit abdecken, Ränder der Böden dabei leicht nach unten drücken. Erneut Creme kuppelförmig aufstreichen und mit hellem Boden abdecken. Mit der restlichen Creme die Torte rundum einstreichen.

Mit einem Messer Kuvertüre-Späne schneiden, die Torte damit bestreuen. Die Creme mit den Kirschen und Aprikosen soll dabei noch durchschimmern.

Die Torte jetzt in 16 Stücke einteilen und auf jedes Stück mit der zurückgestellten Creme einen Tupfen mit kleiner Sterntülle aufspritzen. Kirschen oder Physalis auflegen, alternativ jeweils eine Viertel dunkle Weintraube.

Die Torte kann frisch verzehrt werden, schmeckt aber ebenso gut, wenn sie einen Tag im Kühlschrank durchgezogen ist.

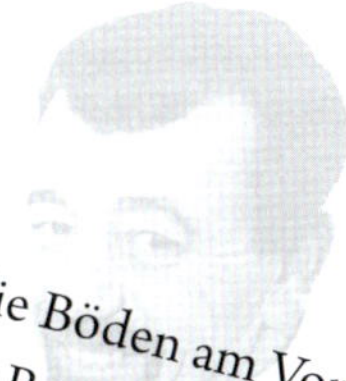

Wenn Sie die Böden am Vortag backen, kostet sie die Restzubereitung noch gute 90 Minuten. Sie können die Böden auch vorab backen, einfrieren und dann auf den Punkt herauszaubern!

Grotemeyers Flockensahnetorte

Zutaten:

Böden mit 26 cm Durchmesser:
1 dünnen Mürbteigboden aus 250 g Teig
Grundrezept Seite 129
2 Biskuitböden, Grundrezept Seite 128
Zum Verbinden Ananas- oder Himbeer-marmelade
1 Brandmasse-Boden,
Grundrezept Seite 131

Füllung:
7 Blatt Gelatine
100 ml Rum
3 Eigelb
75 g Zucker,
500 ml Sahne
400 ml Sahne zum Einstreichen
80 g Preiselbeermarmelade
80 g Ananaskonfitüre

Einen Deckel mit Pergamentpapier belegen. Biskuitboden auflegen und mit einem Ring umstellen. Biskuitboden ggf. mit den Fingerspitzen an den Rand dehnen.

Gelatine in kaltem Wasser einweichen, 500 ml Sahne schlagen.

Rum und Zucker auf ca. 50-60 Grad erwärmen, Gelatine aus dem Wasser nehmen, leicht ausdrücken und in die Rum-Zuckermasse rühren. Die Gelatine muss sich ganz auflösen, dann die Eigelbe nach und nach einrühren. Auf ca. 35 Grad abkühlen lassen und die geschlagene Sahne mit einem Schneebesen unterziehen.

Hälfte der Masse in den vorbereiteten Ring einfüllen, Die Marmeladen in zwei Schalen cremig rühren. Jeweils die Hälfte der Preiselbeer-und Ananaskonfitüre mit einer Gabel als kleine Kleckse über die Oberfläche verteilen, dann nächsten Biskuitboden auflegen. Den Rest der Masse einfüllen, wieder beide Konfitüren darauf verteilen, mit Pergamentpapier abdecken und ca. 24 Stunden im Kühlschrank durchkühlen.

Torte dem Kühlschrank entnehmen, einen stabilen Deckel auflegen und stürzen. Dann Deckel und Pergamentpapier abziehen und den Boden mit weicher, flüssiger Marmelade bestreichen und den vorbereiteten dünnen Mürbteigboden aufschieben. Torte mit Hilfe eines Deckels wieder umstürzen, so dass der Mürbteigboden unten ist.

Ring abziehen und mit 400 ml geschlagener Sahne rundherum und oben einstreichen.

Brandmasseboden in 16 Stücke einteilen. Dann auf die Torte legen. Alternativ 16 große Sahnetupfen aufspritzen und Stück für Stück den eingeteilten Brandmasseboden schräg auflegen. Zum Schluss den Brandmasseboden leicht mit Puderzucker bestauben.

Grotemeyers Spanische Mandeltorte

Zutaten:

Mürbteig:
siehe Grundrezept Seite 129

Mandelmasse:
150 g Butter
125 g Zucker
2 Eier
125 gemahlene Mandeln
25 g Mehl
1 Msp. Backpulver
etwas abger. Zitronenschale
1 Prise Salz, etwas Vanille

Mürbteig nach Grundrezept zubereiten, kühl stellen.

Backofen auf 180 Grad Ober / Unterhitze vorheizen. 26er Springform mit Backpapier auslegen. Gut die Hälfte des Mürbteig darin auslegen, mit der Gabel einige Male einstechen und ohne Backring auf 180 Grad, unterste Schiebeleiste, vorbacken, bis die Ränder ganz leicht gebräunt sind. Auskühlen lassen, dann den Backring umlegen und den restlichen Mürbteig seitlich bis gut zur Hälfte hochziehen.

Für die Mandelmasse Butter und Zucker mit Salz und Zitronenschale schaumig rühren, dann die Eier nach und nach einrühren. Gemahlene Mandeln, Mehl und Backpulver mischen und zum Schluss unterrühren. Dann in die vorbereitete Form auf den Mürbteig geben und bei 180 Grad, unterste Schiebeleiste, nicht ganz fertig backen. (ca. 20 Min.)

Zwischenzeitlich Marzipan mit etwas Sahne breiig arbeiten, dann

Karamellmasse kochen: Zucker, Sahne, Honig und Butter unter ständigem Rühren zum Kochen bringen, ca. 1 – 2 Min. kochen lassen. Marzipanbrei einrühren, dann sofort Mandeln, gehackte Walnüsse, Haselnüsse und Pistazien unterrühren.

Der Kuchen ist sehr saftig.
Er schmeckt frisch, wurde bei Grotemeyer
aber stets einen Tag vor dem Verzehr
zubereitet.

Die heiße Karamellmasse vorsichtig auf dem vorgebackenen Kuchen verteilen und diesen fertig backen. Sobald die Mandeln gebräunt sind und die Karamellmasse leichte Blasen wirft, ist die Torte gut.
Das dauert ca. 10 Minuten.

Kuchen in der Form einige Minuten abkühlen lassen, dann aus der Form lösen. Nach dem Abkühlen ggf. den Rand mit etwas Puderzucker bestäuben und mit gehackten Pistazien dekorieren.

Karamell-Masse:
125 g Zucker
125 g Sahne
50 g Honig
50 g Butter
30 g Marzipan
etwas Sahne
100 g halbe gehäutete Mandeln
50 g Walnüsse grob gehackt
50 g ganze Haselnüsse
30 g Pistazien
ggf. Puderzucker und 10 g Pistazien zum Dekorieren.

Grotemeyers Quark-Apfeltorte

Zutaten:

Mürbteig:
75 g Butter
75 g Zucker
1 Ei
220 g Mehl
Salz, Vanille,
abgeriebene Zitronenschale

Füllung:
500 g Milch
100 g Zucker
2 P. Puddingpulver
250 g Quark
400 g Schmand
50 g Zucker

Belag:
600 g kleine Äpfel (Elstar)
1–2 El. Zitronensaft
Apfelgelee zum Abglänzen

Aus Butter, Zucker, Ei, Gewürzen und Mehl einen Mürbteig herstellen. Eine 26er Springform mit Backpapier auslegen. Mürbteig auslegen, am Rand ca. 4 cm hochziehen.

Äpfel schälen, halbieren und leicht einschneiden, mit Zitronensaft abstreichen (dann bleiben die Äpfel hell).

Quark, Schmand und 50 g Zucker verrühren.

Puddingpulver mit 20 g Zucker und etwas Milch anrühren. Restliche Milch mit 80 g Zucker aufkochen, mit der vorbereiteten Puddingmasse eine Creme kochen. Die Creme zügig unter die Quark-Schmand-Masse rühren und in die vorbereitete Form geben.

Halbierte Äpfel auflegen und im vorgeheizten Ofen, 2. Schiebeleiste, bei 180 Grad Ober-und Unterhitze ca. 70 Minuten backen.

Nach dem Erkalten die Äpfel dünn mit Apfelgelee abglänzen.

Grotemeyers Engadiner Walnusstorte

Zutaten:

Boden:
100 g Puderzucker
125 g Butter
1 Ei
1 Prise Salz
350 g Mehl

Füllung:
250 g Zucker
200 ml Sahne
1 El. Honig
275 g Walnüsse
100 g Marzipan
ca. 30-40 ml Milch
1 Ei
50 g Kuvertüre für die Dekoration

Puderzucker, Butter, Ei, Salz und Mehl zu einem Mürbteig verarbeiten, 2 Stunden kalt stellen.

Boden der 26er Springform mit Backpapier belegen.
2 / 3 des Mürbteigs ausrollen und die Form damit auslegen.
Rand 3 cm hoch ziehen. Den Rest des Mürbteigs wieder kalt stellen.

Marzipan und 30 ml Milch breiig arbeiten. 16 Walnusshälften zur Dekoration zur Seite legen, den Rest grob mit der Hand zerdrücken. 1 Ei mit ca. 10-20 ml Milch (je nach Eigröße) verquirlen.

Zucker in einer Pfanne goldgelb schmelzen. Dabei erst den Pfannenboden dünn mit Zucker bedecken und unter Rühren anschmelzen, bis der Zucker flüssig ist. Den restlichen Zucker nach und nach zugeben, unter Rühren schmelzen. (Siehe Grundrezept Seite 132.) Sobald der Zucker aufgelöst ist, Marzipan und Honig zügig unterrühren, dann langsam unter ständigem Rühren Sahne zufügen. 2 Minuten köcheln lassen. Jetzt die Walnüsse unterrühren, etwas abkühlen lassen.

Den restlichen Mürbteig zu einem Deckel ausrollen. Die Walnussmasse in eine Springform geben und verteilen. Den Mürbteigrand etwas nach innen über die Walnussmasse drücken.

Diesen mit dem verquirlten Ei bestreichen, die Mürbteigdecke auflegen und am Rand leicht andrücken. Mit dem restlichen Ei den Deckel abstreichen und mit einer Gabel ganz locker diagonal Muster einziehen.

Bei 160 Grad Umluft auf der 2. Schiebeleiste von unten 45 Minuten goldbraun backen.

Die Torte in 16 Stücke einteilen. Kuvertüre schmelzen. Auf jedes Stück einen Klecks geschmolzener Schokolade setzen, mit einer Walnusshälfte dekorieren.

Ein besonderes Rezept wegen der karamellisierten Walnüsse

Grotemeyers Schokoladensahnetorte

Zutaten:

1 Linzer Boden oder 1 Mürbteigboden,
Grundrezept Seite 129/130
Aus 6 Eiern Biskuitmasse herstellen
(siehe Grundrezept Seite 128),
dabei 1 / 3 abnehmen und
einen hellen Boden backen,
danach 2 / 3 mit 2 gestrichenen Tl. Kakao
einfärben und dunklen Boden backen.

Füllung:
750 g Sahne
125 g aufgelöste Kuvertüre
etwas Weinbrand

ca. 50 g Kuvertüre für Späne

Dunklen Boden waagerecht in 3 dünne Teile schneiden und die oberste Schicht vom hellen Boden dünn gerade schneiden. Reste ggf. einfrieren oder für ein Schicht-Dessert verwenden.

Zum Füllen zuerst dunklen Unterboden auf eine Platte legen und mit einem Ring umstellen. (optional den Linzer Boden nach unten und dann den dunklen Biskuit darauf setzen

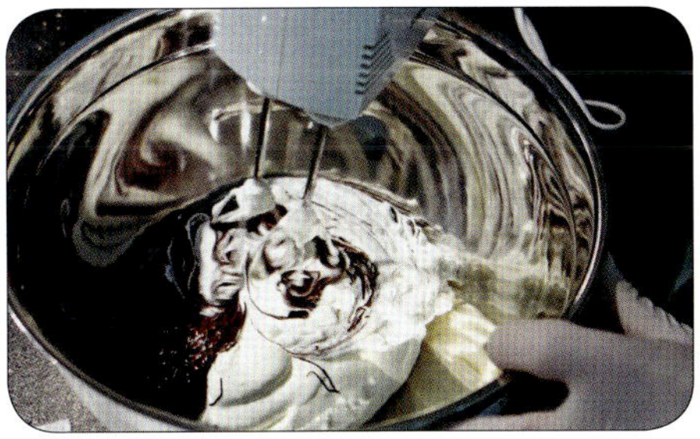

Schokosahne:
Kuvertüre auf ca. 40 Grad erwärmen. 750 g Sahne schlagen. Eine kleine Menge für Verzierung in eine Spritztülle füllen und kühl stellen. 200 g der geschlagenen Sahne in eine Schüssel geben und mit der aufgelösten Kuvertüre verrühren, dann die restliche Sahne zügig nach und nach zugeben. Einen Teil der fertigen Sahne in den Ring füllen, hellen Biskuitboden einlegen, mit etwas Weinbrand beträufeln und wieder Sahne aufstreichen. Mit den beiden übrigen dunklen Böden genauso verfahren. Den Ring entfernen und die Torte mit dem Rest Schokosahne oben und seitlich einstreichen. Dann geraspelte Kuvertüre (Späne) aufstreuen.

Die Torte in 16 Stücke einteilen. Sahnetupfen aufspritzen.

Die Torte schmeckt besonders gut, wenn sie durchgezogen ist.

Grotemeyers Krokant Buttercremetorte

Zutaten:

Boden:
Biskuitboden aus 6 Eiern, siehe Grundrezept Seite 128
evtl. schon am Vortag herstellen

Krokant:
300 g Zucker
30 g Butter
150 g gehobelte Mandeln
evtl. schon am Vortag herstellen

60 g Johannisbeergelee

Für den Krokant eine dünne Schicht Zucker in einer Pfanne auf Stufe 7 goldgelb schmelzen, restlichen Zucker nach und nach einstreuen. Flüssigen Zucker mit einem Holzlöffel rühren, Butter zugeben und darauf achten, dass die Masse nicht dunkler wird, sonst entsteht ein bitterer Geschmack. Ggf. zwischendurch von der Platte ziehen. Die Mandeln zügig unterrühren, dann alles auf Backpapier schütten. Hautkontakt vermeiden, Verbrennungsgefahr! Mit einem geölten Rollholz ca. ½ cm dick ausrollen. Erkalten lassen und mit einer Reibe, einer Küchenmaschine (Portionsweise in sehr kurzen Etappen) oder mit dem Rollholz zerkleinern. Durch ein grobes Sieb schütten. Feinen und gröberen Krokant in zwei Schraubgläsern aufbewahren.

Aus 750 ml Milch, 120 g Zucker, 1 Prise Salz, 1 ½ Päckchen Puddingpulver den Pudding kochen. Abkühlen lassen, dabei mit einer feuchten Folie abdecken, damit sich keine Haut bildet.

Die Butter aus dem Kühlschrank nehmen. Den Biskuitboden in fünf Böden teilen, den unteren Boden etwas dicker schneiden.

Aus dem ausgekühlten Pudding und der Butter eine Buttercreme herstellen (wie im Grundrezept Seite 132). Eine kleine Menge in eine Spritztülle einfüllen, diese in den Kühlschrank legen.

Den unteren Boden auf einen Tortendeckel legen und mit Johannisbeergelee bestreichen. Eine Schicht Buttercreme aufstreichen. Einen weiteren Boden auflegen, mit Creme bestreichen und ca. 30 g feinkörnigen Krokant aufstreuen. Mit den nächsten 2 Lagen genauso verfahren. Dann den letzten Boden auflegen, oben und seitlich einstreichen, dann rundherum gleichmäßig mit etwas grobkörnigerem Krokant bestreuen.

Die Oberfläche in 16 Stücke einteilen. Mit der Creme aus der Spritztülle 16 Tupfen aufspritzen. Jeden Tupfen mit einer halben Belegkirsche oder einem Traubenviertel verzieren. Nach Belieben zusätzlich mit Pistazie oder Angelikaraute belegen.

Buttercreme:
750 g Milch
120 g Zucker
1 Prise Salz
1 ½ P. Puddingpulver Vanille
375 g Butter

16 halbe Belegkirschen oder
16 dunkle Traubenviertel
evtl. 16 halbe Pistazien oder
in Rauten geschnittenes Angelika
Biskuitboden nach Grundrezept
herstellen.

Grotemeyers Sachertorte

Zutaten:

Eine Springform, 26 cm Durchmesser, mit Backpapier belegen,

Torte:

150 g Butter
150 g Zucker
75 g Marzipan
5 Eiweiß, 7 Eigelb
150 g dunkle Kuvertüre
100 g Mehl
20 g Speisestärke
8 g Backpulver
30 g feingeriebene Mandeln
1 Prise Salz
Vanille

Füllung:

120 g Marillenmarmelade
100 g Preiselbeermarmelade

Pariser Crem:

100 g Butter
100 g Fondant
100 g dunkle Kuvertüre,

Überzug:

400 g dunkle Kuvertüre

Kuvertüre hacken, in der geschmolzenen Butter auflösen. Eier trennen. Marzipan mit etwas Wasser glatt rühren, mit 40 g Zucker und Gewürzen unter die Schokoladenmasse rühren. Eigelb nach und nach unterschlagen.

Dann Eiweiß mit dem restlichen Zucker steifschlagen und portionsweise im Wechsel mit dem Mehl-Speisestärke-Mandelgemisch vorsichtig unterheben. In die Form geben und bei 180 Grad ca. 35 Min. bei Ober-u. Unterhitze, 2. Schiebeleiste v. u., backen, dann erkalten lassen. Nach dem Erkalten zweimal waagerecht teilen, oberen Teil hauchdünn gerade schneiden, bröselige Stücke dabei entfernen. Den unteren Boden dünn mit glattgerührter Marillenmarmelade einstreichen. Den Mittelboden aufsetzen. Preiselbeermarmelade aufstreichen.

Für die Pariser Creme:
Kuvertüre auf 34-35 Grad auflösen. Fondant innerhalb weniger Sekunden in der Mikrowelle leicht weich (nicht warm) machen und mit ein wenig Wasser glatt arbeiten. Butter aufmixen, mit der Fondantmasse verrühren, die aufgelöste Kuvertüre zugeben u. gut aufschlagen. Die Torte mit der Pariser Creme gleichmäßig einstreichen und für kurze Zeit in den Kühlschrank stellen, damit die Creme fest wird.

Torte aus dem Kühlschrank holen.

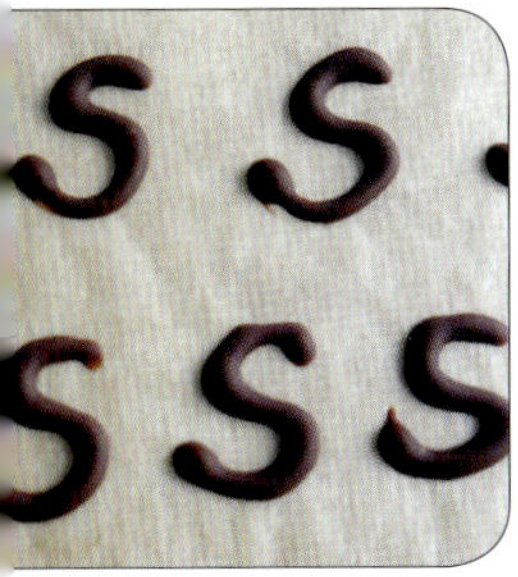

Kuvertüre temperieren (siehe Grundrezept Seite 133). Währenddessen ein kleines Küchenbrettchen mit Backpapier überziehen. Aus Backpapier einen Spritzbeutel mit Miniaturtülle drehen, zwei Löffel temperierte Kuvertüre hineingeben, oben schließen. Mit der Spritztülle kleine S-Formen auf das Backpapier spritzen, in den Kühlschrank oder das Gefrierfach stellen.

Die Torte mit Schokolade überziehen, jetzt sollte die Torte dafür wieder Zimmertemperatur haben. Sobald die Kuvertüre anfängt «anzuziehen», mit einem heißen Messer in 16 Stücke einteilen. Nach dem Auskühlen auf jedes Stück ein «S» setzen. Wer es sich zutraut, kann selbstverständlich à la Grotemeyer auf jedes Tortenstück mit Kuvertüre «Sacher» schreiben.

Alternativ kann man die Torte auch mit einer Schokoladenglasur überziehen.
80 g Sahne
80 g Milch
125 g Nougat
125 g Kuvertüre
Kuvertüre auflösen, Nougat erwärmen bis er weich ist. Sahne kochen. Nougat und Kuvertüre in die Sahne rühren, unter ständigem Rühren kurz aufkochen lassen. Danach auf ca. 34 Grad abkühlen lassen, dann die Torte überziehen. Die Glasur ist auch nach dem Erkalten schnittfähig. Dekoration mit einem «S» oder «Sacher».

Grotemeyers Zitronen-Buttercremetorte

Zutaten:

Durchmesser 26 cm
Biskuitboden siehe Grundrezept
Seite 128,
evtl. am Vortag herstellen

Füllung:
750 g Milch
120 g Zucker
1 ½ P. Puddingpulver
375 g Butter
1 Prise Salz,
Saft von 2 Zitronen, etwas Zitronenabrieb
ca. 150 g Zitronenmarmelade
400 g Marzipandecke,
Grundrezept Seite 124
etwas Kuvertüre zum Ausgarnieren.

Aus Milch, Zucker, Puddingpulver, 1 Prise Salz den Pudding kochen, abkühlen lassen.

Biskuitboden 3 x schneiden, untersten Boden etwas dicker, 2 dünne Oberböden. Ggf. Rest anderweitig verwenden.

Buttercreme herstellen (siehe Grundrezept Seite 132), nach Geschmack mit dem Zitronensaft und etwas Zitronenabrieb abschmecken. Ca. 50 g Creme in eine Spritztülle füllen, kühl stellen.
Unteren Boden auf einen stabilen Deckel legen, erst mit Zitronenmarmelade bestreichen, dann Zitronenbuttercreme aufstreichen. Diesen Vorgang bei den nächsten zwei Lagen wiederholen und dann den letzten Boden auflegen. Die Oberfläche und die Seiten einstreichen, kaltstellen.

Marzipan ausrollen und die Torte damit eindecken, anschließend in 16 Teile einteilen. Mit Buttercremetupfen ausgarnieren und am Rand ein «Z» aus temperierter Kuvertüre (Grundrezept Seite 133) aufspritzen. Ggf. wie bei der Sachertorte Seite 121 die Buchstaben auf Backpapier spritzen, frosten und dann auf die Marzipandecke setzen.

Grotemeyers Herrentorte

Zutaten:

Für 6 Dobusböden á 26 cm Durchmesser:
7 Eier
180 g Weizenpuder
(ersatzweise Maisstärke)
180 g Butter
Salz, Vanille, abger. Zitronenschale

Füllung:
225 g Weißwein, trocken
225 g Apfelsaft
75 g Zucker
3 Eier
38 g Puddingpulver
225 g Marzipan
60 g Weinbrand,

200 g Kuvertüre

Marzipandecke:
250 g Marzipanrohmasse
150 g Puderzucker

Backofen auf 180 Grad Umluft vorheizen.
6 Backpapiere mit Kreisen à 26 cm Durchmesser vorbereiten.

Butter auflösen und etwas abkühlen lassen. Eier trennen, Eigelb mit der Hälfte des Zuckers aufschlagen, bis die Masse heller wird. Eiweiß mit dem restlichen Zucker zu steifem Schnee schlagen. Eiweiß unter das Eigelb heben, dabei Weizenpuder u. aufgelöste Butter zugeben.

Aus dem Teig 6 dünne Böden auf die vorbereiteten Backpapiere streichen und in der Umluft in zwei Backgängen à 3 Blechen (alternativ 3 à 2) goldgelb backen. Das dauert jeweils ca. 10 Minuten. Abkühlen lassen und dann vom Papier lösen.

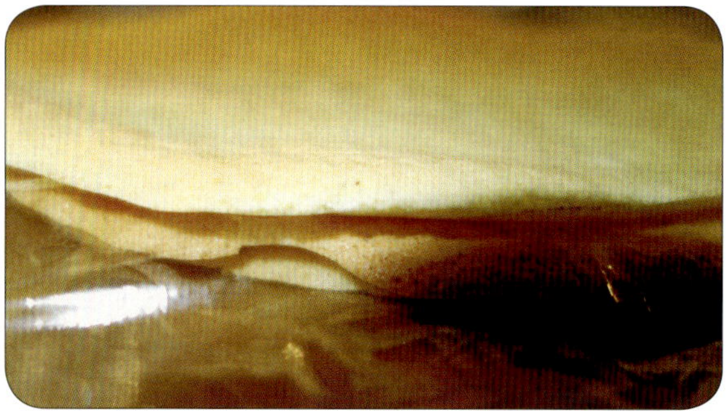

Marzipanrohmasse in kleine Stücke zerpflücken, Puderzucker darüber sieben. Mit der Küchenmaschine auf mittlerer Stufe (Knethaken) durchkneten. Ggf. einige Tropfen Rum (sehr sparsam!) zugeben. Wenn die Marzipanstücke Hagelkorngröße haben, mit der Hand durchkneten. Die Marzipanmasse darf ganz leicht feucht glänzen, aber keinesfalls klebrig sein.

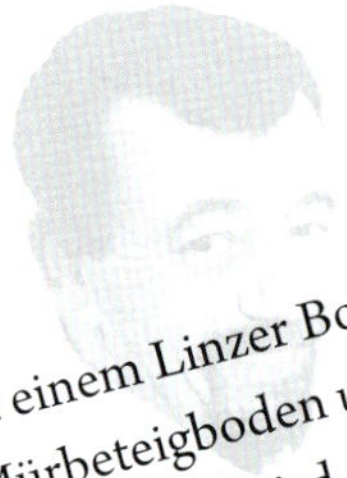

Mit einem Linzer Boden oder Mürbeteigboden unter den Dobusböden wird die Torte zu Grotemeyers Jubiläumstorte

Wein und Saft mischen und ca. 60 g Zucker zugeben. Die übrigen 15 g Zucker mit dem Puddingpulver und. 3 Eigelb verrühren, einige Löffel Wein-Saft-Mischung zugeben. Den Rest aufkochen und mit der Puddingpulvermischung zu einer Creme abbinden.

Marzipan, Weinbrand und etwas von der Creme breiig verarbeiten. Diese Masse dann unter die Weincreme rühren. Kühl stellen.

Marzipan zwischen zwei Folien zu einer Decke mit einem Durchmesser von ca. 34 cm ausrollen.

Die 6 Böden mit der Creme zur Torte zusammensetzen. Rundherum und oben dünn mit der Creme einstreichen und abschließend mit der Marzipandecke eindecken. Dazu die obere Folie abziehen, die Marzipandecke unterhalb der unteren Folie anheben und locker über die Torte ziehen. Den überschüssigen Rand abschneiden, Rand leicht andrücken.

Kuvertüre temperieren (siehe Grundrezept: Kuvertüre Seite 133). Die Torte mit dunkler Kuvertüre überziehen und mit heißem Messer in 16 Stücke einteilen, bevor die Kuvertüre durchhärtet. Die Torte lässt sich sonst nur schwer teilen

Aus dem restlichen Marzipan ggf. kleine, dem Anlass entsprechende Verzierungen formen oder ausstechen und auf die eingeteilten Tortenstücke setzen.

Grotemeyers Grundrezepte

Wir haben alle Rezepte in heimischer Küche gebacken, um zu schauen, welche Fragen sich aus diesen Bedingungen ergeben. Es gibt Küchenhelfer, die die Zuckerbäckerei sehr erleichtern. Einige sind nahezu unentbehrlich und unsere Küchenausstattung ist um ein paar Schätze reicher geworden:

Ein Alu-Tortenring, Höhe 8 cm. Eine stabile Tortenunterlage, mit der man Torten auch einmal problemlos heben kann (Tortenretter). Ein Küchenthermometer, um Schokolade zu temperieren, das aber auch für die Herstellung von Buttercreme sehr nützlich ist. Ein Tortenmesser, um Böden gleichmäßig zu teilen. Dazu ein mittelgroßes Winkelmesser und ein langes Streichmesser. Die drei letztgenannten gibt es häufig als Set. Darüber hinaus ein halbrunder Topf mit zwei Henkeln, um Schokolade im Wasserbad zu schmelzen. Nicht nötig, aber durchaus praktisch ist ein Alu-Tortenteiler, mit dem die Einteilung in gleichmäßige Stücke sicher gelingt. Heizt man ihn kurz im Ofen an und senkt ihn dann für einen Moment auf, beispielsweise, die schokolierte Sachertorte oder die Jubiläumstorte, gelingt der Anschnitt hinterher problemlos. Für Sahne- oder Buttercremeoberflächen wird er selbstverständlich kalt eingesetzt!

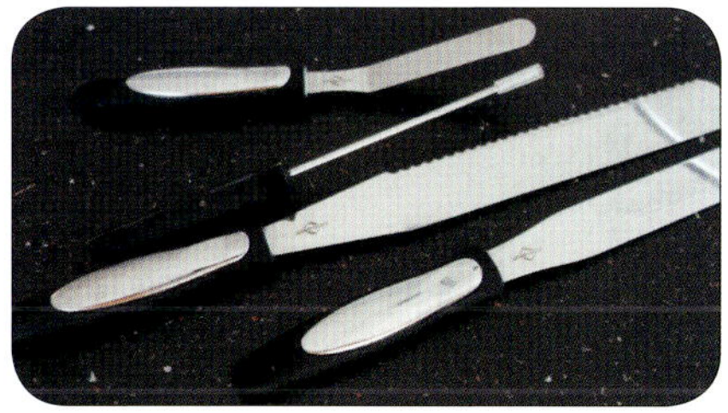

Alle Rezepte beziehen sich auf einen Durchmesser von 26 cm. Wenn nicht anders angegeben, werden die Böden auf der 2. Schiebeleiste von unten bei Ober- und Unterhitze gebacken. Ist eine Temperatur von – bis angegeben (beispielsweise 170-180 Grad), mahnt das zu Aufmerksamkeit. Küchenöfen arbeiten selten so gleichmäßig wie Profiöfen. Schauen Sie zwischendurch nach Ihrem Boden und prüfen Sie den Bräunungsgrad bzw. bei Rührteigen die Konsistenz mit einem Holzstäbchen. Bleibt nichts am Holz kleben, ist der Boden soweit.

Grotemeyers Schokoladen-Biskuit

Zutaten:

6 Eier
1 El kaltes Wasser
200 g Zucker
140 g Mehl
80 g Speisestärke
1 Teel. Backpulver
35 g Backkakao

Bisquitboden für Torten und andere Kuchen

Rezept für eine Springform von 26 cm Durchmesser
Mehl, Speisestärke u. Backpulver sieben, Kakao untermischen.

Eier trennen, Eigelb mit der Hälfte des Zuckers mit einem Mixer oder Küchenmaschine aufschlagen. Eiweiß mit dem restlichen Zucker steif schlagen.

Dann den Eischnee vorsichtig mit dem Schneebesen unter die Eigelbmasse heben, dabei nach u. nach die Mehlmischung einschütten.

Masse in die Springform füllen u. ca. 25 Min. bei 180 Grad Ober / Unterhitze backen. 2. Schiebeleiste von unten. Gut auskühlen lassen. Idealerweise am Vortag backen

Grotemeyers Biskuit

Zutaten:

6 Eier
200 g Zucker
140 g Mehl
80 g Speisestärke
1 Teel. Backpulver

Bisquitboden für Torten und andere Kuchen

Rezept für eine Springform von 26 cm Durchmesser

Mehl, Speisestärke u. Backpulver sieben.

Eier trennen, Eigelb mit der Hälfte des Zuckers mit einem Mixer oder der Küchenmaschine aufschlagen. Eiweiß mit dem restlichen Zucker steif schlagen.

Dann den Eischnee vorsichtig mit dem Schneebesen unter die Eigelbmasse heben, dabei nach und nach die Mehlmischung einschütten.

Masse in die Springform füllen und ca. 25 Min. bei 180 Grad Ober / Unterhitze backen. 2. Schiebeleiste von unten.

Grotemeyers Mürbteigboden

Zutaten für eine Springform von 26 cm Durchmesser

Für einen dünnen Grundboden brauchen Sie 250 g fertigen Mürbteig. Den Rest können Sie kühl stellen und anderweitig verwenden. Wenn Sie die doppelte Menge Mürbteig herstellen, reicht die Teigmenge für 3 dünne Mürbteigböden, die sie auch problemlos einfrieren können.

Kalte Butter in kleine Flöckchen teilen, mit Zucker u. Gewürz gut vermischen. Dann Eigelb unterrühren. Zum Schluss das Mehl zugeben und zügig unterkneten. Dieses Procedere gilt für alle Mürbteigböden! Wird das Mehl zu lange untergeknetet, wird der Teig brüchig!

Den fertigen Teig für 1 – 2 Std. in den Kühlschrank stellen, dann kann er weiter verarbeitet werden.

Bei 180 Grad Umluft ca. 15 Minuten auf der 2. Schiebeleiste von unten hellbraun backen.

Zutaten:

120 g Butter
60 g Zucker
1 Eigelb
1 Prise Salz
Vanille u. abgeriebene Zitronenschale
190 g Mehl

Mürbeteig, brüchig nach zu langem Kneten

Grotemeyers Streusel

Weiche Butter, Zucker, Gewürz, Eigelb glattarbeiten, Mehl mit Backpulver mischen, zur Fettmasse geben und mit den Fingerspitzen zu Streuseln reiben.

Dieses Rezept können Sie nutzen, wenn Sie mit dem Hefeteig vom Butterkuchenrezept (Seite 96) Obst-Streuselkuchen herstellen möchten.

Für Pflaumen-Streuselkuchen eine Prise Zimt zugeben.

Zutaten:

75 g Butter
75 g Zucker
1 Eigelb
190 g Mehl
1 gestrichene Messerspitze Backpulver
1 Prise Salz, Vanille
abgeriebene Zitronenschale,

Grotemeyers Linzer Boden

Zutaten:

250 g Margarine für die knusprige Variante
(Butter für die weichere Form)
250 g Mehl
250 g Staubzucker
88 g Kuchenbrösel z. B. aus Bisquitboden
38 g Haselnussgries
(geriebene Haselnüsse)
Zitronenschale
Salz
Vanille

Der Linzer Boden wurde früher traditionell für eine ganze Reihe von Torten verwendet. Er eignet sich für die Himbeer-Philadelphiatorte S. 103, die Grotemeyer Spezial S. 105, aber auch für die Schokoladesahne S. 117. Weil er die Torten noch ein wenig mächtiger macht und zunehmend Nuss-allergiker unter den Gästen waren, hat man in jüngerer Zuckerbäckerzeit bei Grotemeyer auch den herkömmlichen Mürbteig als Tortengrundlage gebacken.

Wer den Linzer Boden ausprobieren möchte, kann ein wenig überschüssigen, bereits gebackenen Biskuitboden durch ein grobes Sieb drücken und in einer Dose aufbewahren. Die Brösel sollten ein klein wenig gröber sein als gemahlene Nüsse (Nussgrieß).

Zubereitung:
Kalte Butter in kleine Flöckchen teilen, mit Zucker u. Gewürz gut vermischen. Dann Eigelb unterrühren. Zum Schluss das Mehl und die Biskuitbrösel zugeben u. zügig unterkneten.

Den fertigen Teig für 1–2 Std. in den Kühlschrank stellen, dann kann er weiter verarbeitet werden.

Bei 180 Grad Umluft ca. 15 Minuten auf der 2. Schiebeleiste von unten hellbraun backen.

Grotemeyers Brandteig

Milch-Wassergemisch u. gehackte Butter im Topf zum Kochen bringen, das gesiebte Mehl dazu geben und mit dem Holzlöffel solange verrühren, bis alles zu einem Ballen verbunden ist. Weiter auf dem Herd abrösten, bis sich am Boden eine weiße Schicht bildet.

Masse auf 35–40 Grad abkühlen lassen. (Handwarm)

In einem anderen Topf Ei mit dem Schneebesen nach u. nach unterrühren, (nicht schlagen) es sollte eine zähe Konsistenz haben. Einen Kreis mit 26 cm Durchmesser auf Backpapier aufzeichnen, dann die Masse mit einer Winkelpalette aufstreichen, mit einem 26er Ring umstellen und bei ca. 200 Grad Ober-u. Unterhitze, Schiebeleiste 2.-v. u. ca . 15–20 Min. backen. Dabei auf den Backofenboden etwa 50 ml Wasser gießen und den Ofen schnell verschließen. Den Backofen nicht vor der beginnenden Bräunung des Brandtteigbodens öffnen.

Zutaten:

47,5 g Wasser
47,5 Milch
40 g Butter
1 kl. Prise Salz
55 g gesiebtes Mehl,
knapp 2 Eier

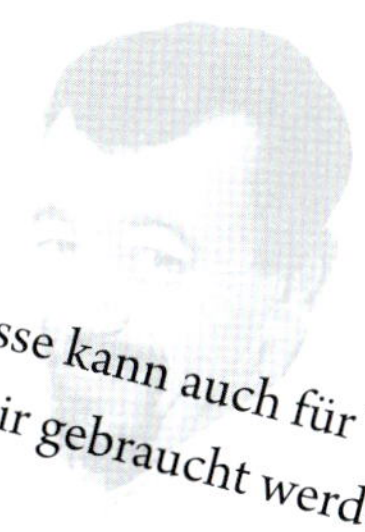

Die Brandmasse kann auch für Windbeutel u. Eclair gebraucht werden.

Grotemeyers Buttercreme

Die Basis ist je nach Rezept eine vorbereitete Pudding-, Wein- oder Zitronencreme. Diese Basismasse und die Butter sollten zur Weiterverarbeitung

ungefähr die gleiche Temperatur haben. Dies ggf. mit einem Thermometer kontrollieren. Die Butter in einen Topf geben u. mit dem Mixer intensiv aufschlagen. Den Pudding in 5 Portionen nach u. nach zugeben, weiter aufmixen. Die Creme soll einen festen Stand zeigen und eine homogene Masse bilden. Sie gewinnt an Volumen. Falls das nicht der Fall ist, den Topf kurz anwärmen. Vorsicht: Nur so viel, dass sich die Creme ausschließlich am Boden etwas verflüssigt. Dann wieder alles verrühren, bis eine homogene Masse erreicht ist.

Zucker schmelzen

Zucker in einer Pfanne goldgelb schmelzen. Dabei erst den Pfannenboden dünn mit Zucker bedecken und auf Stufe 7 anschmelzen, nicht rühren.

Sobald der Zucker auf dem Pfannenboden flüssig ist, den restlichen Zucker unter gelegentlichem Rühren nach u. nach zugeben. Sobald der Zucker aufgelöst ist, je nach Rezept weitere Zutaten zugeben.

Diese Technik brauchen Sie für die Engadiner Walnusstorte mit karamellisierten Nüssen, aber auch für die Herstellung von Mandelkrokrant

Kuvertüre temperieren

Drei Arbeitsgänge: auflösen, abkühlen, temperieren

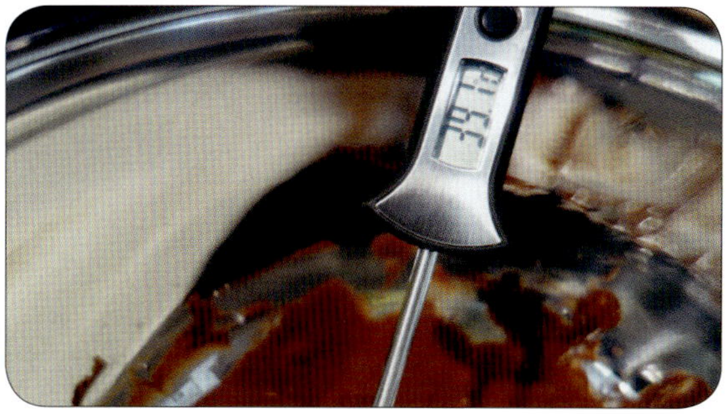

Kuvertüre hacken (ca. ¼ zurücklassen) den Rest im Wasserbad (nicht kochen) auf ca. 40-45 Grad erwärmen (schmelzen) u. hin und wieder umrühren.

Als nächstes die Kuvertüre auf ca. 27 Grad abkühlen, indem die möglichst klein gehackte Kuvertüre nach u. nach zugegeben wird, diese muss immer wieder schmelzen. Wenn sich die zugegebene Kuvertüre nicht mehr auflöst, Zugabe stoppen. Im unteren Temperaturbereich die Masse gut verrühren, sie wird dabei etwas dickflüssig.

Nun die Kuvertüre im Wasserbad vorsichtig auf ca. 31-32 Grad erwärmen. Dabei Kuvertüre hin und wieder weiter rühren, früh genug dem Wasserbad entnehmen, bedenken, dass die Schüssel nachheizt. Die Temperatur muss ziemlich exakt eingehalten werden.

Es darf kein Wasser in die Kuvertüre gelangen, da sie sonst andickt. Bei zu dicker Kuvertüre etwas flüssige Kakaobutter zugeben (ca. 5 %). Zur Not geht auch Kokosfett, welches aber den Geschmack beeinträchtigt bzw. verfälscht

Mandelkrokrant

Siehe Krokanttorte Seite 118.

Pralinen

Immer ganz großes Kino:

Café Grotemeyer und die Münsterschen Filmtheaterbetriebe arbeiteten erfolgreich zusammen

Der mehrfach Oscar-nominierte Film «Chocolat» sorgte im Jahr 2000 auch in Münster für volle Filmhäuser. Die zauberhafte und romantische Geschichte einer jungen Frau (Juliette Binoche), die in einem französischen Provinznest eine Chocolaterie eröffnet und die Dorfbewohner nach und nach mit ihrer unkonventionellen Lebensart und ihren geradezu magisch anmutenden Schokoladenkreationen verzaubert, weckte bei jedem Zuschauer die Lust auf heiße Schokolade und Pralinen. Im Café Grotemeyer kreierte das Patisserie-Team die legendären «Venusspitzen» aus dem Film nach, die sofort ein Verkaufsschlager waren. In Zusammenarbeit mit den Münsterschen Filmtheaterbetrieben wurde das Festmahl aus dem Film nach einer Vorführung im Kino «Stadt New York» dann im Café Grotemeyer angeboten. Die 150 Karten zum Preis von damals 61, – DM waren schnell ausverkauft.

« Die Venusspitzen waren unglaublich beliebt. Wir haben sie lange verkauft. Das Problem dabei: Im Vergleich zu anderen Pralinensorten sind sie ungleich aufwändiger in der Herstellung – bei uns wurde ja jeder Arbeitsschritt, jede Praline in Handarbeit gefertigt. Wir hätten sie im Grunde zu einem viel höheren Preis abgeben müssen. Aber wer hätte den bezahlt? Wir haben sie irgendwann aus dem Sortiment genommen. »

Grotemeyers Venusspitzen

Zutaten:

Bodenplättchen:
80 g dunkle Kuvertüre

Füllung:
80 g Sahne
1 Eigelb
25 g Zucker
30 g Amaretto
230 g Vollmilchkuvertüre
30 g dunkle Kuvertüre
35 g Butter (Zimmertemperatur)

Überzug:
Ca. 350 g dunkle Kuvertüre zum Überziehen
etwas weiße Kuvertüre für Pünktchen.

230 g Vollmilchkuvertüre mit 30 g dunkler Kuvertüre auflösen (nicht temperieren). Die Schokolade sollte ca. 38 Grad haben.

Für die Füllung 80 g Sahne aufsetzen u. aufkochen, währenddessen Ei u. Zucker mit einem Schneebesen schaumig rühren. Sobald die Sahne kocht, den Topf vom Herd nehmen, das aufgeschlagene Ei einrühren u. Amaretto unterrühren. Danach die aufgelöste Kuvertüre zugeben und verrühren. Bis zum nächsten Tag stehen lassen, nicht in den Kühlschrank stellen.

Für die Bodenplättchen am gleichen Tag oder am nächsten Tag als Erstes 80 g Kuvertüre temperieren (siehe Grundrezept Seite 133) und ganz dünn mit einer Winkelpalette auf Pergamentpapier aufstreichen. Sobald die Kuvertüre ein wenig anzieht, Plättchen mit 2 cm Durchmesser dicht an dicht ausstechen u. warten, bis die Kuvertüre komplett angezogen ist. Dann das Papier umdrehen, so dass die Kuvertüre unten liegt. Das Papier abziehen, ausgestochene Plättchen lösen u. auf ein Blech legen.

Spritzbeutel mit einer Lochtülle vorbereiten. 10-12 mm Durchmesser.

Nun die Butter mit dem Mixer kräftig unter die Masse arbeiten (wird heller). Alles in den Spritzbeutel füllen und auf die vorbereiteten Schokoplättchen spritzen, in den Kühlschrank stellen und fest werden lassen.

Sobald die Pralinen durchgekühlt sind, aus dem Kühlschrank nehmen, ca. ½ Std. stehen lassen. Zwischenzeitlich 350 g Kuvertüre temperieren, (Grundrezept) dann Pralinen mit einer Überziehgabel oder Gabel in die Kuvertüre tunken, etwas abstreifen und auf Pergamentpapier absetzen.

Aus Pergament- oder Backpapier eine Mini-Spritztülle falten, etwas aufgelöste weiße Kuvertüre hineingeben. Auf jede Venusspitze ein kleines Pünktchen mit weißer Kuvertüre aufspritzen.

Grotemeyers Mandelsplitter

Zutaten:

200 g gestiftete Mandeln
200 g Kuvertüre Zartbitter 60%
15 g Zucker, 15 ml Wasser (Läuterzucker)

Wasser u. Zucker aufkochen, ca. 2 Minuten kochen lassen. 200 g Mandeln mit dem Läuterzucker mischen, goldgelb rösten u. abkühlen lassen.

Kuvertüre temperieren (siehe Grundrezept Kuvertüre temperieren Seite 133) u. mit den Mandeln mischen. Die Mandeln sollten Zimmertemperatur haben.

Dann zügig mit einem Teelöffel kleine Mandelhäufchen auf ein Pergamentpapier setzen. Abkühlen lassen. Kühl aufbewahren.

Grotemeyers Nougattrüffel

Zutaten:

200 g Nougat
100 g dunkle Kuvertüre

Kuvertüre bei ca. 35-40 Grad auflösen (nicht temperieren).
Bei zu hoher Temperatur der Kuvertüre werden die Nougatspitzen grau.

Nougat geschmeidig arbeiten, indem er kurz mit den Händen (Handschuhe anziehen) angewärmt wird. Dann den Nougat mit der aufgelösten Kuvertüre kräftig glattrühren und mit einer mittleren Sterntülle als Rosette auf Pergamentpapier spritzen. Kalt stellen. In Pralinenpapier setzen. Kühl aufbewahren.

Grotemeyers Buttertrüffel

Zutaten:

180 g Vollmilchkuvertüre
150 g Fondant
90 g Butter
45 g Puderzucker
45 g Nougat
Ca. 400 g Vollmilchkuvertüre zum Überziehen

180 g Kuvertüre auflösen, lauwarm, (nicht temperieren)

Fondant, Butter, Puderzucker und Nougat aufschlagen. Die Masse muss glatt, darf aber nicht schaumig sein. Dann die warme Kuvertüre kurz und kräftig unter die Masse rühren. In einen Spritzbeutel füllen und 2 cm dicke Stränge auf Pergament-oder Backpapier spritzen. In den Kühlschrank stellen und ca. 2 Stunden durchkühlen lassen.

Aus dem Kühlschrank nehmen, ca. ½ Std. stehen lassen.
Jetzt pralinengroße Stücke abschneiden und mit der Hand zu Kugeln formen. Kugeln ca. 2 Stunden kalt stellen.

Die Kugeln aus dem Kühlschrank nehmen, ca. ½ Std. bei Zimmertemperatur stehen lassen.

Kuvertüre auflösen und temperieren. Jeweils 5 – 6 Kugeln nach und nach in die Kuvertüre tauchen, dann auf ein Kuchengitter legen und mit einer Gabel kreuz u. quer rollen, bis sich kleine Spitzen bilden. (Igeln) Kurz vor dem Erstarren auf Pergamentpapier legen.

Marzipan

Königsberger Marzipan

Königsberger Marzipan stammt ursprünglich aus Königsberg in Preussen. Das Besondere: Beim Königsberger Marzipan wird die feinste, reine Marzipanrohmasse zu Pralinen verarbeitet, indem die Masse kunstvoll geformt oder ausgestochen wird. Wie bei den Marzipanfrüchten entstand in der Grotemeyer-Backstube über 160 Jahre lang jede einzelne Marzipan-Praline per Handarbeit. Das geformte Rohmarzipan wurde geflämmt, je nach Form auch mit Fondant oder Marmelade gefüllt.

Die historische Herz-Ausstechform mit einem Gewicht von rund 700 g arbeitet heute noch ebenso gut wie vor Jahrzehnten.

Marzipanfrüchte schminken

Marzipanfrüchte werden aus feinster Marzipanrohmasse hergestellt, die zuvor mit Puderzucker versetzt wurde. Die Marzipanmasse sollte immer ganz frisch verarbeitet werden. Wird das Marzipan trocken, bilden sich sofort Risse. Das Marzipan muss so geknetet und geformt werde, dass die Oberfläche absolut glatt und faltenfrei ist. Aus einer Ei-Form entstehen mit sanftem Druck die Grundformen – zum Beispiel Äpfel und Birnen. Dann kann das Schminken beginnen – eine hohe Kunst, bei der die Marzipanfrüchte Schicht für Schicht mit unterschiedlichen Farbnuancen die charakteristische Schattierung bekommen. Gearbeitet wird mit grossen, weichen Pinseln. Der Vergleich mit einem Maleratelier ist nicht fern … Das A und O: Der Pinsel darf nicht zu feucht sein, die Farbe muss immer wieder abgestrichen werden.

Zitronen formen

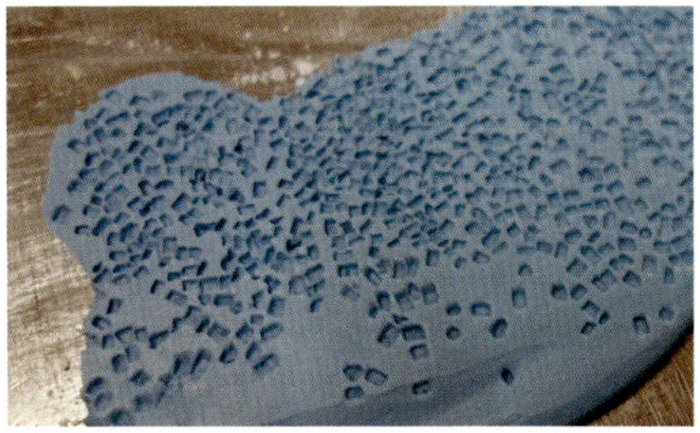

Maserung mit einer Knetmasse

fertig geschminkt

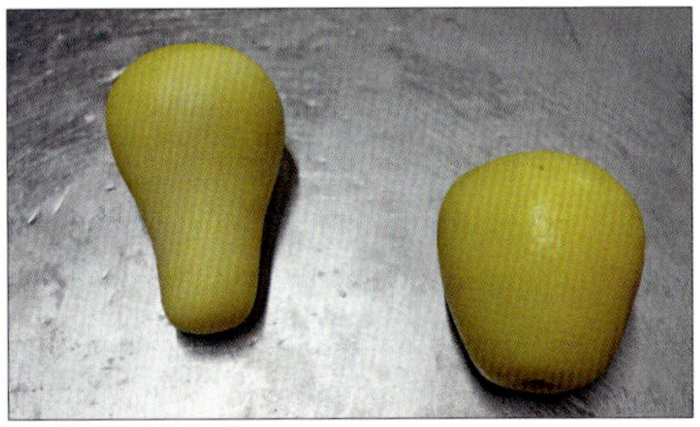

Konditormeister Günter Brast zeigt uns in der Backstube seine persönliche Technik des «Schminkens».

Birnen werden mit einem großen weichen Pinsel zunächst hauchzart gelb gefärbt. Mit einem gut abgestrichenen Pinsel erst orange, dann eine Nuance grün setzen. Zum Schluss braun sprenkeln.

Marzipanäpfel werden zunächst intensiver gelb gefärbt. Mit einem großen, abgestrichenen Pinsel rote Farbe «streifig» darüber setzen. Der Blütenansatz wird mit Kuvertüre angedeutet.

Teegebäck

Grotemeyers Christstollen

Butter-Stollen für ca. 2 kg Teig

Am Vortag:
Sultaninen am Vortag mit lauwarmen Wasser waschen, abtropfen lassen, dann in eine Schüssel geben, Orangeat, Zitronat, gestiftelte Mandeln und den Rum zugeben, verschließen und wenigstens eine Nacht bei Zimmertemperatur stehen lassen. Zwischendurch 2–3 mal umdrehen.

Herstellung:
Aus 90 g Mehl, der Hälfte des Zuckers, 100 ml lauwarmer Milch und 65 g Hefe einen Vorteig herstellen, dünn mit Mehl bestreuen, warm stellen und stehen lassen, bis die Mehlschicht gut aufreißt.

Zwischenzeitlich Butter auflösen. Mehl, restlichen Zucker, Salz und Stollengewürz in die Küchenmaschine füllen. Wenn der Vorteig gut ist, zusammen mit Eigelb, Quark und restlicher Milch zugeben und mit den anderen Zutaten verkneten, dabei die lauwarme Butter einlaufen lassen. Ca. 5–8 Min. weiter kneten. Danach den fertigen Teig mit einem Trockentuch abdecken und hochgehen lassen. Jetzt die durchgezogenen Früchte unterkneten. (Küchenmaschine nicht zu lange laufen lassen, sonst werden die Früchte zerdrückt.)

Den Teig der Küchenmaschine entnehmen, nach Wunschgewicht abwiegen, rund formen und etwas angehen lassen. Dabei mit einem Trockentuch abdecken.

Zutaten:

Stollenteig:
90 g Mehl
600 g Mehl
300 g Butter
65 g Zucker
125 g Milch
3 g Salz
5 g fertiges Stollengewürz
1 kl. Schälmesserspitze Kardamon
Vanille
abgeriebene Zitronenschale
65 g Hefe
2 Eigelbe
50 g Quark,
65 g Orangeat
65 g Zitronat
75 g gestiftete Mandeln
450 g Sultaninen hell
20 g Rum

Füllung:
100 g Marzipan
100 g Zucker
etwas Eiweiß

für den fertig gebackenen Stollen:
200 g Butter
200 g Zucker
Puderzucker zum Bestäuben.

Zwischendurch Marzipan, Zucker und Eiweiß geschmeidig arbeiten und als Rolle formen.

Den Teig nach dem Gehen länglich formen. Dann mit einem Rollholz rechteckig rollen, in der Mitte ein bisschen dünner. Die vorbereitete Marzipanrolle auf das untere Drittel legen, dann den Teig bis knapp über die Hälfte einklappen. Die obere Hälfte überklappen und in der Mitte kräftig andrücken.

Auf ein mit Backpapier belegtes Blech setzen oder in einer Stollenform backen.

750 g Stollen bei ca. 170-180 Grad Ober-und Unterhitze etwa 45 Minuten backen (je nach Gewicht des Stollens Backzeit verkürzen oder verlängern)

Mehrere Stollen können gleichzeitig auf Umluft, ca. 160 Grad, gebacken werden.

Den / die Stollen in noch heißem Zustand rundherum mit flüssiger Butter bestreichen und mit Zucker bestreuen.

Stollen einen Tag stehen lassen, dann gut mit Puderzucker bestauben. In Frischhaltefolie packen und wenigstens drei bis vier Wochen kühl lagern.

Stollengewürz zum Selbermachen

1 Messerspitze Zimt
1 gute Msp. Kardamon
1 kl. Msp. Muskat
1 kl. Msp. Piment
1 Msp. Nelke
Mark einer Vanilleschote
abgeriebene Zitronenschale
Alle Zutaten müssen gemahlen sein

Grotemeyers Ottilienkranz

Zutaten:

250 g Butter
250 g Zucker
4 Eier
15 ml Rum
Vanille, Salz, abger. Zitronenschale
250 g Mehl
7 g Backpulver
135 g dunkle Kuvertüre
135 g Mandelstifte

Rührteig für eine Rodonkuchenform von 24 cm

Rodonkuchenform fetten und mit Paniermehl oder Mehl ausstreuen.

Kuvertüre hacken, mit den Mandeln und einer Handvoll Mehl gut vermischen.

Butter, Zucker und Gewürze aufschlagen, dabei Eier und Rum nach und nach zugeben. Nach dem 2. Ei ca. 50 g Mehl zugeben, einrühren. Das restliche Mehl zuschütten, kurz und kräftig verrühren. Zum Schluss die Kuvertüre-Mandelmischung unterheben.

Den Teig in die vorbereitete Form geben und bei 160 Grad Heissluft ca. 50 Minuten backen.

Aus der Form lösen. Nach dem Erkalten mit Puderzucker bestreuen.

Grotemeyers Kirsch Kolatschen

Zutaten:

Teig:
200 g Butter
100 g Zucker
2 Eier (Größe M)
Prise Salz
Vanille
abgeriebene Zitronenschale
300 g Mehl
5 g Backpulver

Aus den Zutaten einen Mürbteig herstellen, indem Butter, Zucker, Eier und Gewürze verrührt werden. Mehl und Backpulver mischen, zügig unterkneten und kaltstellen. Der Teig ist recht weich. Kühlen.

Dann ca. 2 cm dick ausrollen u. Quadrate à 1,5 x 1,5 cm schneiden. Aus den Stücken (jeweils ca. 11 g) Kugeln formen. Mit einem Holzlöffelstiel eine Vertiefung eindrücken, ca. 1 cm Durchmesser, etwas platt drücken, mit Milch bestreichen, mit geriebenen Mandeln bestreuen und mit Kirschmarmelade füllen.

Bei 200 Grad ca. 15-20 Min. Ober-u. Unterhitze hellbraun backen.

Grotemeyers «weltbestes» gefülltes Teegebäck

Zutaten:

Grundteig:
500 g Butter
300 g Puderzucker (gesiebt)
800 g Mehl
1 Eigelb
Prise Salz
Vanille
abgeriebene Zitronenschale,

Butter, Zucker, Gewürze, Eigelb gut verrühren, Mehl kurz und zügig unterkneten. Den Mürbteig im Kühlschrank 2 Stunden durchkühlen lassen.

Auf ca. 3 mm ausrollen und unterschiedliche, nicht zu große Formen ausstechen und zwar immer paarig, da jeweils zwei Plätzchen nach dem Backen gefüllt u. aufeinander gesetzt werden.

Die Hälfte der ausgestochenen Plätzchen belegen. Dazu als ersten Arbeitsgang sämtliche Oberteile mit Ei abstreichen. (Ein Ei mit 30 ml Milch verquirlen). Alles goldgelb backen bei 170 Grad Umluft.

Unter die Pistazien und Nüsse einen ganz kleinen Tupfen Marmelade geben, damit sie festkleben.

Die gestifteten Mandeln sofort nach dem Abstreichen aufstreuen und leicht andrücken oder man kann auch einen etwas größeren Tupfen Marmelade vor dem Aufstreuen aufspritzen. Dann alles goldgelb bei ca. 170 Grad Umluft backen.

Ochsenaugen mit zweierlei Marmelade

Bei den Ochsenaugen Marmelade aufspritzen (z.B. Aprikose und Himbeer) und sofort nach dem Füllen mit einem Sieb Puderzucker dünn aufstreuen. Auf der Marmelade zieht der Puderzucker dann ein.

Mandel-Marzipan-Gebäck

Marzipanrohmasse mit etwas Wasser und ggf. einigen Tropfen Rum geschmeidig machen. Die gebackenen Plätzchen damit füllen, nebeneinander auf ein Kuchengitter setzen. Kuvertüre temperieren. Aus Pergamentpapier eine filigrane Spritztüte falten, Kuvertüre mit einem Löffel einfüllen, oben falten und umschlagen. Aus ca. 20 cm Abstand locker über die gefüllten Plätzchen spritzen, so dass ein feines Streifenmuster entsteht.

« Es hört sich ja blöd an – aber Ihr Teegebäck ist weltweit das Beste »

Eine Kundin zu Gabi

Ananas-Fondant-Gebäck

Ananasmarmelade dickflüssig rühren. Die gebackenen Plätzchen damit füllen. Fondant in der Mikrowelle weich und geschmeidig machen (nicht heiß werden lassen), glatt rühren. Die Plätzchen dünn mit Fondant überziehen, mit Streuseln garnieren.

Kirschtörtchen

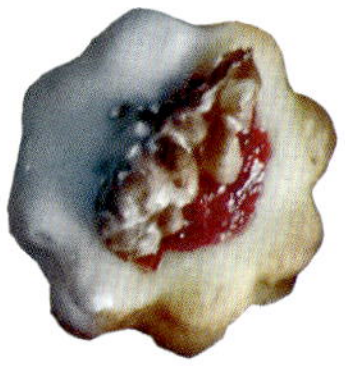

Die gebackenen Plätzchen mit breiig gerührter Kirschmarmelade füllen. Eine halbe Belegkirsche auflegen, zur Hälfte mit angerührtem Fondant oder zur Hälfte in Kuvertüre tauchen.

Nuss-Nougat-Schmetterlinge

Nussnougat leicht anwärmen, geschmeidig rühren. Die gebackenen Schmetterlinge damit füllen. Eine halbe Nuss aufsetzen. Kuvertüre temperieren. Eine filigrane Spritztüte aus Pergamentpapier falten. Oben verschließen, umschlagen. Nun die Schmetterlingsform am äußeren Rand mit Kuvertüre nachzeichnen.

Nougatherzen mit Kuvertüre

Nussnougat leicht anwärmen, geschmeidig rühren. Die gebackenen Herzen damit füllen. Kuvertüre temperieren. Eine filigrane Spritztüte aus Pergamentpapier falten. Oben verschließen, umschlagen. Nun die Herzform in feinen Schnörkeln am äußeren Rand mit Kuvertüre nachzeichnen.

Mandel-Marzipangebäck mit gestiftelten Mandeln

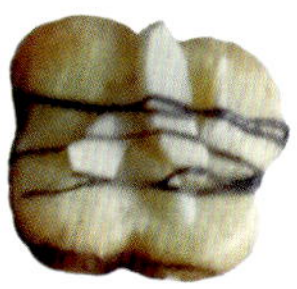

Marzipanrohmasse mit etwas Wasser und ggf. einigen Tropfen Rum geschmeidig machen. Die mit Mandelstiften gebackenen Plätzchen damit füllen, nebeneinander auf ein Kuchengitter setzen. Kuvertüre temperieren. Aus Pergamentpapier eine filigrane Spritztüte falten, Kuvertüre mit einem Löffel einfüllen, oben falten und umschlagen. Aus ca. 20 cm Abstand locker über die gefüllten Plätzchen spritzen, so dass ein feines Streifenmuster entsteht.

Der Maler
Fritz Grotemeyer

Fritz Grotemeyer
Selbstportrait

Ein Leben zwischen Münster, Berlin und dem Orient

Fritz (Friedrich Albert Theresia) Grotemeyer, am 19. Juni 1864 als neuntes von elf Kindern des Konditors Albert Grotemeyer und seiner Frau Bertha (geb. Westhoff) geboren, wuchs im Gründerhaus auf der Aegidiistraße 10 auf. Seine Kindheit beschreibt er in seinen Lebenserinnerungen als glücklich, familiär behütet und doch frei, mit reichlich Bewegungsmöglichkeiten an den Klettergerüsten auf dem gegenüberliegenden Kasernenplatz der 13er Kaserne und morgendlichen Ausritten mit Schwimmvergnügen auf des Nachbars ungesattelten «Kleppern». Fritz, der von sich selbst vorzugsweise als «Fritze» spricht und persönliche Briefe häufig mit diesem Namen zeichnete, war nach eigenem Bekunden schon als Junge stets zu Scherzen und wilden Streichen aufgelegt, hatte den Schalk im Nacken und nahm die gelegentlichen Konsequenzen – zu denen mitunter auch körperliche Maßregelungen seines Vaters zählten – offenbar mit Humor. Schulisch bewegte er sich im Mittelfeld, wobei seine Leistungen im Turnen sowie Zeichnen und Singen stets herausragten. 1881, nach sechs Jahren Oberschule, verließ Fritz die Schule mit dem sogenannten «Einjährigen», das ihm unter anderem zum Besuch der akademischen Hochschule für die bildenden Künste in Berlin berechtigte. Allen frühen künstlerischen Neigungen des Sohnes zum Trotz beschloss sein Vater Albert, dass Fritz etwas Solides lernen solle. Mit 17 begann Fritz die Lehre bei seinem Patenonkel Friedrich Rawe, dem Halbbruder seines Vaters und Inhaber des großen Warenkaufhauses Friedrich Rawe auf der Salzstraße 27 . Hier wurden Stoffe und Seidenwaren für Kleider, Mäntel, Hosen, Blusen, aber

« Bei meinem Elternhaus Aegidiistraße belebten Schweine, Hühner, Katzen, Karnickel, Raben, Eichhörnchen und Eulen den langgestreckten Hof. »

Fritz Grotemeyer

« Das Spielen und Turnen fand seine Fortsetzung auf dem Kasernenplatz (…) wenn wir guten Turnjungen den Rekruten als Vorturner dienten. »

Fritz Grotemeyer

Kaufhaus Rawe

Albert Grotemeyer ermahnte seinen Sohn auf schönstem Plattdeutsch, bloß keine «ösigen» (anstößigen) Bilder zu malen wie «Rubens dat Swin». Und stellte klar, dass Fritz von ihm keinen Pfennig dazu bekomme. Eine Drohung, die dauerhaft nicht wahrgemacht wurde. Dennoch musste Fritz Grotemeyer, in Berlin ankommend, umgehend Geld verdienen und nahm zu diesem Zweck Zeichen-Aufträge aller Art an.

auch Gardinen und Teppiche sowie Läufer und Tischdecken verkauft. Neben dem «Größten Lager Münsters in allen Arten» fertigte die Manufaktur auf Bestellung und in Maßarbeit. Fritz fügte sich – und zeichnete während seiner Lehrjahre Karikaturen von Kunden und Mitarbeitern auf alles, was ihm im Warenhaus unter die Finger kam. Ob Stoffbrett, Quittungsblock oder Einpackpapier – alle erdenklichen Materialien wurden verwertet, um seine Beobachtungen zu Papier zu bringen. Das große Kaufhaus war zweifellos eine Fundgrube für Charakterstudien – auch wenn die Betroffenen dies nicht immer lustig fanden, ebenso wenig wie sein Onkel, dem immer wieder Beschwerden zugetragen wurden. Der Wendepunkt kam 1887, nach kaufmännischen Wanderjahren. Fritz Grotemeyer zeigte dem Münsterschen Bildhauer Heinrich Fleige eine nach einem Foto gefertigte Kopie eines Berliner Altmeisters, Ludwig Knaus. Fritzens Version der «Kartenspielenden Schusterjungen» muss Eindruck gemacht haben, denn Fleige äußerte, dass an dem jungen Fritz ein Maler verloren gehe. Dessen Entschluss stand nunmehr fest, trotz väterlicher Proteste. Schließlich ließ Albert seinen Sohn im Herbst 1887 doch zur Königlichen Akademischen Hochschule für Bildende Künste nach Berlin gehen, wo er sofort angenommen wurde.

Die Akademie der Künste, seit 1875 unter der Leitung Anton von Werner, wurde mit preußischer Strenge geführt. Anton von Werner übte zahlreiche Ämter aus, durch die er entsprechend großen gesellschaftlichen Einfluss hatte. Als Kunstberater am Kaiserhof genoss er die volle Unterstützung Kaiser Wilhelms II.

Schon ab 1890 stellte Grotemeyer bei den großen Berliner Kunstausstellungen

« Die Akademie war bis Ende des Kaiserreichs Trägerin konservativer Ästhetik, weitgehend geprägt durch den Direktor Anton von Werner, der die Hochschule wie eine Kadettenanstalt führte und die Studenten auf Sieg drillte (im Kulturkampf für Preussens Glanz und Gloria). »

Fritz Kempmann:
Der Maler Fritz Grotemeyer

Fritz Grotemeyer malte auch Werbeblätter, hier das Motiv für das Sammelbildchen der Schokoladenfirma «Stollwerck»

aus und gewann zahlreiche Preise, darunter auch den begehrten, weil mit einem Stipendium verbundenen Preis der Menzel Stiftung, die ihn mit dem Altmeister Adolph von Menzel in freundschaftlichen Kontakt brachten. Menzel wurde sein Berater und Förderer. 1894 nahm Akademiedirektor Anton von Werner Fritz Grotemeyer als einen von sechs herausragenden Absolventen der Akademie, die mit Auszeichnung abgeschlossen hatten, als Meisterschüler in sein Atelier. Zwischen 1895 und 1902 entstand im Atelier von Werners unter dessen Förderung Fritz Grotemeyers erstes monumentales Historienbild, «Die Friedensverhandlungen im Rathaussaale zu Münster 1648». Er arbeitete ohne Honorar, dafür aber gegen Erstattung der Spesen für seine Heimatstadt. Im Verlauf von sieben Jahren kamen 15.000 Goldmark zusammen. Oberbürgermeister Jungeblodt besuchte Grotemeyer mehrfach in Berlin und überzeugte sich vom Fortschritt und der Qualität des Werks. Die Anerkennung, die diesem anlässlich der Vollendung des Monumentalbildes im Jahr 1902 zuteil wurde, war für ihn der künstlerische und letztlich wirtschaftliche Durchbruch. Kaiser Wilhelm verlieh persönlich und erstmalig einem Meisterschüler einen Kronenorden.

Wiederholt wurde Fritz Grotemeyer von diesem Zeitpunkt an «auf Allerhöchsten Befehl Ihrer Kaiserlichen und Königlichen Majestäten» zu Bällen ins Berliner Schloss geladen. Er erteilte bei Hofe Zeichenunterricht. Fürst Bismarck ließ seine gesamte Familie von ihm portraitieren. Große Aufträge kamen aus unterschiedlichen deutschen Städten. Fritz Grotemeyer, bereits

« Um seine Portraitaufträge brauchte er sich nie zu bemühen. Zeitweise gehörte es zum guten Ton, sich von ihm portraitieren zu lassen. »

Fritz Kempmann:
Der Maler Fritz Grotemeier.

seit 1894 verheiratet, unternahm teils mit seiner Frau Else, teils allein, große Europareisen – manche aus purer Reiselust, andere auftragsbedingt.

« ... meiner treuen Lebensgefährtin verdanke ich, daß sie die Annahme einer festen Anstellung verhinderte, da sie befürchtete, mein freies Künstlertum könnte dadurch gefährdet werden. »

Fritz Grotemeyer. StA MS Akte Ämter 43 G Nr. 6, Artikel vom 28.06.1939

Mit dem Ausbruch des 1. Weltkriegs war die unbeschwerte Zeit auch für Fritz Grotemeyer jäh zu Ende. Anton von Werner verschaffte ihm mit einem Empfehlungsschreiben die Möglichkeit, als Kriegsberichterstatter und Kriegsmaler zu arbeiten. Grotemeyer bereiste als solcher viele Länder, schließlich auch die Türkei und den Orient. Aus den Skizzen und Vorarbeiten jener Zeit entstanden Jahre später großformatige Gemälde, die teils im Stadtmuseum Münster beheimatet sind und dort 1996 und in großen Sonderausstellungen gewürdigt wurden.

Ungewöhnliche Zeiten erforderten mitunter ungewöhnliche Taten. Fritz Grotemeyer hatte die Fähigkeit, sich in den folgenden bewegten Jahrzehnten, auch während zweier Weltkriege, in jeder Lebenslage seinen Humor und seine Bodenständigkeit zu bewahren. Zeiten großer Aufträge für monumentale Bilderzyklen und persönliche Erfolge wechselten ab mit Zeiten, in denen aufgrund wirtschaftlicher Krisen keiner mehr Geld für große Kunst ausgeben mochte oder konnte. Grotemeyer focht das im Innersten nicht an. Dr. Terhardt, ein Freund und Kenner Grotemeyers schrieb in seiner Studie «Linie, Licht, Leben» über ihn: «Trotz aller Erfolge blieb er immer der bescheidene, anspruchslose Mann. Dadurch blieb er unabhängig. Er malte, was **er** wollte.» Seine Frau Else unterstützte ihn dabei bedingungslos.

1941 erhielt Grotemeyer den Auftrag der Stadt Minden für einen Bilderzyklus, der bis heute im Besitz der Stadt ist.

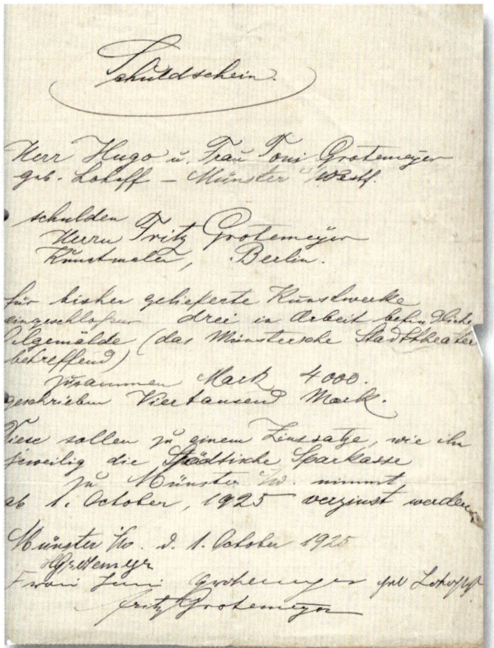
Schuldschein

Herr Hugo u. Frau Toni Grotemeyer
geb. Lohoff – Münster Westf.

schulden
Herrn Fritz Grotemeyer
Kunstmaler, Berlin.

für bisher gelieferte Kunstwerke
eingeschlossen drei in Arbeit befindliche
Ölgemälde (das Münstersche Stadttheater
betreffend)
zusammen Mark 4000.
geschrieben Viertausend Mark.

Diese sollen zu einem Zinssatze, wie ihn
jeweilig die Städtische Sparkasse
zu Münster W. nimmt,
ab 1. October, 1925 verzinst werden.

Münster W. d. 1. October 1925
H. Grotemeyer
Frau Toni Grotemeyer geb. Lohoff
Fritz Grotemeyer

Schuldschein zwischen Fritz, Hugo und Antonia den Erwerb von Bildern betreffend

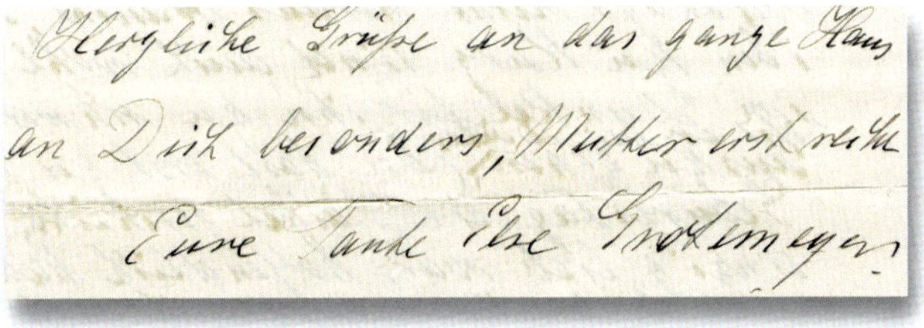

Herzliche Grüße an das ganze Haus
an Dich besonders, Mutter erst recht
Eure Tante Else Grotemeyer

Seiner Heimatstadt Münster und insbesondere seiner Familie stand er zeitlebens nah. Hugo und Antonia Grotemeyer mit dem Kaffeehaus beratend zur Seite zu stehen, war ihm dem Hintergrund der elterlichen Zuckerbäckertradition ein Herzensanliegen. Im Hungerwinter 1916 / 17, als die Versorgungslage in allen Städten, auch in Münster, sehr schwierig war, ließ er sich von seinem Vetter Bernard Rawe und dessen Familie in Nordhorn aufpäppeln, bevor er wieder an die Front reiste. Manche der zahlreichen in beiden Kriegs- und Nachkriegszeiten entstandene Portraits und Gemälde waren Dank und Lohn für Lebensmittel, mit denen er sich und aus der Ferne auch seine Familie versorgen konnte.

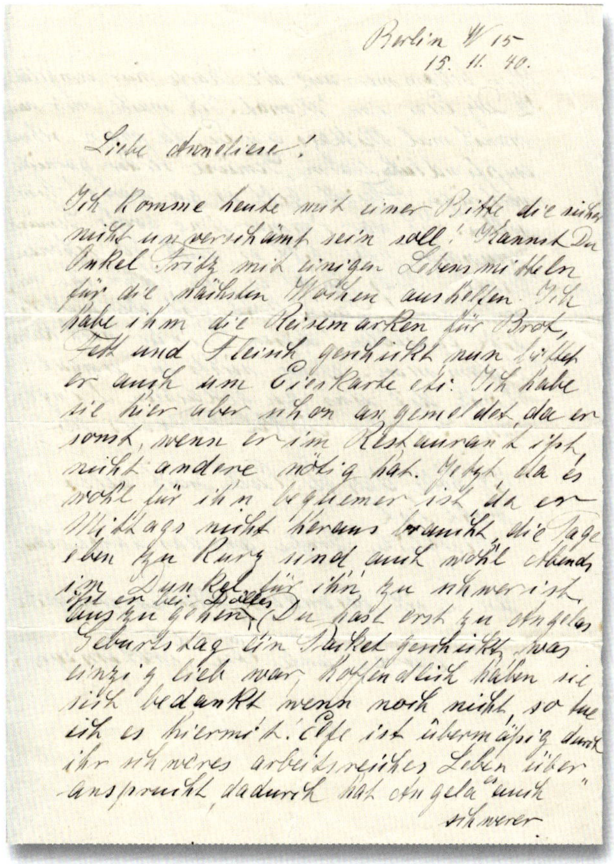

Berlin W 15
15. 11. 40.

Liebe Annelise!

Ich komme heute mit einer Bitte, die sicher nicht unverschämt sein soll: Kannst Du Onkel Fritz mit einigen Lebensmitteln für die nächsten Wochen aushelfen. Ich habe ihm die Reisemarken für Brot, Fett und Fleisch geschickt, nun bittet er auch um Eierkarte etc. Ich habe sie hier aber schon angemeldet, da er sonst, wenn er im Restaurant ißt, nicht andere nötig hat. …

Berlin war sein Lebensmittelpunkt, dennoch verbrachte er viel Zeit in Münster, hatte dort immer auch ein Atelier. Auf seinem Briefkopf prangte neben der Berliner Adresse stets auch die Münstersche Adresse Salzstraße 24. Zu Annelie und ihrem Mann Jorg bestand eine enge Bindung. Viele lebendige Eindrucke aus dem Münsterschen Alltagsleben des späten 19. Jahrhunderts und der ersten Hälfte des 20. Jahrhunderts sind nur deshalb im kollektiven Bewusstsein der Münsteraner präsent, weil Fritz Grotemeyer sie mit seinem großen Talent auf die Leinwand gebracht hatte und weil diese Gemälde durch seinen Weitblick vor den Zerstörungen des 2. Weltkriegs gerettet werden konnten. Manche Straßenszenen aus dem

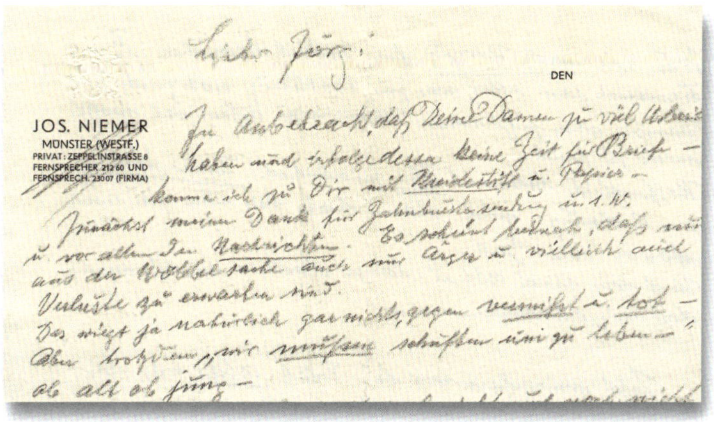

Lieber Jörg!

DEN

JOS. NIEMER
MÜNSTER (WESTF.)
PRIVAT: ZEPPELINSTRASSE 8
FERNSPRECHER 212 60 UND
FERNSPRECH. 23007 (FIRMA)

In Anbetracht, daß Deine Damen zu viel Arbeit haben und infolgedessen keine Zeit für Brief – komme ich zu Dir mit Kreidestift u. Papier –
Zunächst meinen Dank für Zahnbürstensendung u. s. w. Es scheint beinah, daß nur u. vor allem der Nachrichten aus der Möbelsache auch nur Ärger u. vielleicht auch Verluste zu erwarten sind.
Das wiegt ja natürlich gar nichts, gegen vermißt u. tot –
Aber trotzdem, wir müssen schuften um zu leben – ob alt ob jung –

Ganz typisch für den Briefeschreiber Fritze waren die Unterstreichungen

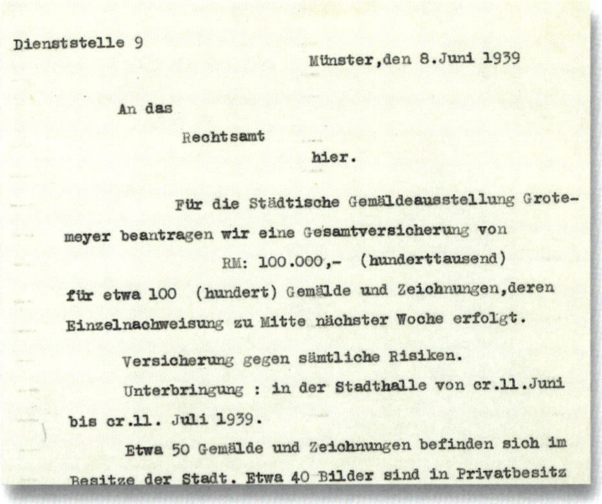

Dienststelle 9

Münster, den 8. Juni 1939

An das

Rechtsamt

hier.

Für die Städtische Gemäldeausstellung Grotemeyer beantragen wir eine Gesamtversicherung von

RM: 100.000,- (hunderttausend)

für etwa 100 (hundert) Gemälde und Zeichnungen, deren Einzelnachweisung zu Mitte nächster Woche erfolgt.

Versicherung gegen sämtliche Risiken.

Unterbringung : in der Stadthalle von cr.11. Juni bis cr.11. Juli 1939.

Etwa 50 Gemälde und Zeichnungen befinden sich im Besitze der Stadt. Etwa 40 Bilder sind in Privatbesitz

19. Jahrhundert entstanden Jahre später nach früh angefertigten Skizzen und Ideen. 1939, zu Grotemeyers 75. Geburtstag, ehrte ihn seine Heimatstadt mit einer großen Ausstellung in der Stadthalle Münster und mit der Verleihung der Paulus-Plakette für besondere Verdienste. Zu dieser Zeit und in der Endphase des 2. Weltkriegs 1943 / 44 vermachte Fritz Grotemeyer der Stadt 80 Gemälde und 70 Zeichnungen. Der riesige Bilderfundus, der zusammen mit einigen privaten Bildern der Familie Grotemeyer nach Schloss Wöbbel ausgelagert wurde, entkam der Zerstörung. In den Wirren der Nachkriegs- und Besatzungszeit ging der größte Teil der 80 Gemälde verloren, ihr Verbleib ist bis heute ungeklärt.

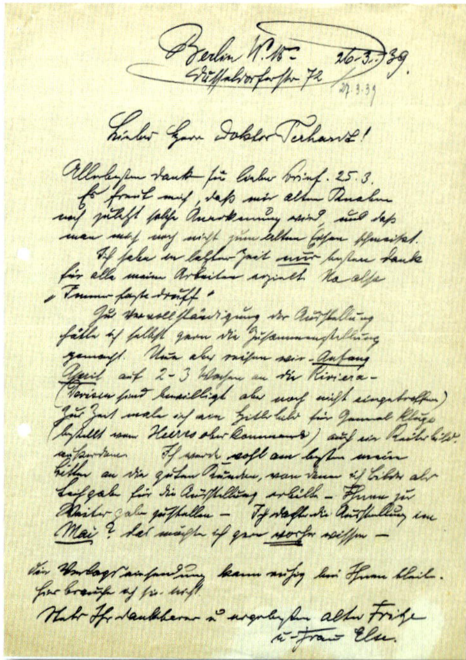

1946, ein Jahr vor seinem Tod, verließ er Berlin endgültig und bezog mit Else seine letzte Wohnung auf der Erphostraße in Münster – zusammen mit Hugo und Antonia Grotemeyer, Annelie und Jorg Kahlert und weiteren Familienmitgliedern. Im gleichen Jahr überließ er der Stadt Münster sechs großformatige Bilder unter der Bedingung, dass alle Bilder «in geschlossener Zusammenstellung später für ein noch einzurichtendes Museum der Stadt Münster ausgestellt werden sollten.» Für seine Frau hatte er zuvor mit der Stadt für den Fall seines früheren Versterbens eine monatliche Rente von dreihundert Reichsmark ausgehandelt, die ihr später 16 Jahre lang zu Gute kam. Sein Werk zusammen-

Gauhauptstadt und Münsterland

Eine hochherzige Stiftung

Der Maler Fritz Grotemeyer stiftete seiner Vaterstadt Münster 80 Gemälde

(MA) Münster. Wie wir erfahren, hat der bekannte Maler Fritz Grotemeyer, der gebürtiger Münsteraner ist und seit einigen Jahren in Berlin lebt, seiner Vaterstadt eines seiner wertvollsten Gemälde „Der Prinzipalmarkt im Winter" als Weihnachtsgeschenk vermacht. Ferner hat Fritz Grotemeyer seiner Heimatstadt weitere 80 Gemälde gestiftet, die zu Beginn des neuen Jahres aus dem Berliner Atelier nach Münster geschafft werden. Wir kommen im „Stadt-Anzeiger" auf die hochherzige Stiftung des Malers eingehend zurück.

zuhalten und es an einem Ort auszustellen, mit dem die Entstehung der Bilder verknüpft war, war sein zentrales Anliegen.

Fritz Grotemeyer verstarb am 28.07.1947 in Münster. Seinen Grabstein hatte er zu Lebzeiten vorbereitet und vom Münsterschen Bildhauer Albert Mazzotti in Bronze ausführen lassen: zwei Reliefs von Fritz und Else Grotemeyer im Profil sowie ein rundes Relief mit dem Grotemeyerschen Familienwappen. Else Grotemeyer starb am 18.01.1963. Fritz und Elses Grab liegt auf dem Waldfriedhof Lauheide neben dem ihrer einzigen Enkelin, Elfes Tochter Angela, sowie dem Familiengrab der Kahlerts.

« 19.06.1946
Heute trat ich nun ein ins 83. Jahr
Im ganzen gesehen ein Glückskind ich war
Ich liebte die Welt, mein Weib und Gesang
und schaffte fleißig mein Leben lang.
Erfolge dann blieben ja auch nicht aus
und Wohlstand kam in unser Haus.

Trotz Kummer, Sorgen, Not und Tod
die uns das letzte Schicksal bot,
so haben wir doch in all den Jahren
wir alten Leute viel Liebes erfahren.

Und all den Freunden und all den Lieben
die meiner Kunst sind treu geblieben
send ich von Herzen Dank und Gruß,
wo ich nun bald von hinnen muß.

Doch die mir kränken den Humor
Die laß ich stehen vor dem Tor –
Die Nörgler erst sind mir ein Graus
Die werf ich am besten aus dem Tempel heraus. »

Witten, 19.06.46 Fritz Grotemeyer»
StA MS Akte Ämter 43G Nr. 6

Grotemeyer dichtete dies zu seinem eigenen Geburtstag. Sorgen, Not und Tod beziehen sich auf den frühen Tod der beiden geliebten Töchter Lotte (1923) und Elfriede (Elfe), welche im 2.Weltkrieg bei einem Bombenangriff im Luftschutzbunker ums Leben kam.

Ein Münster-Rundgang auf den Spuren des Malers

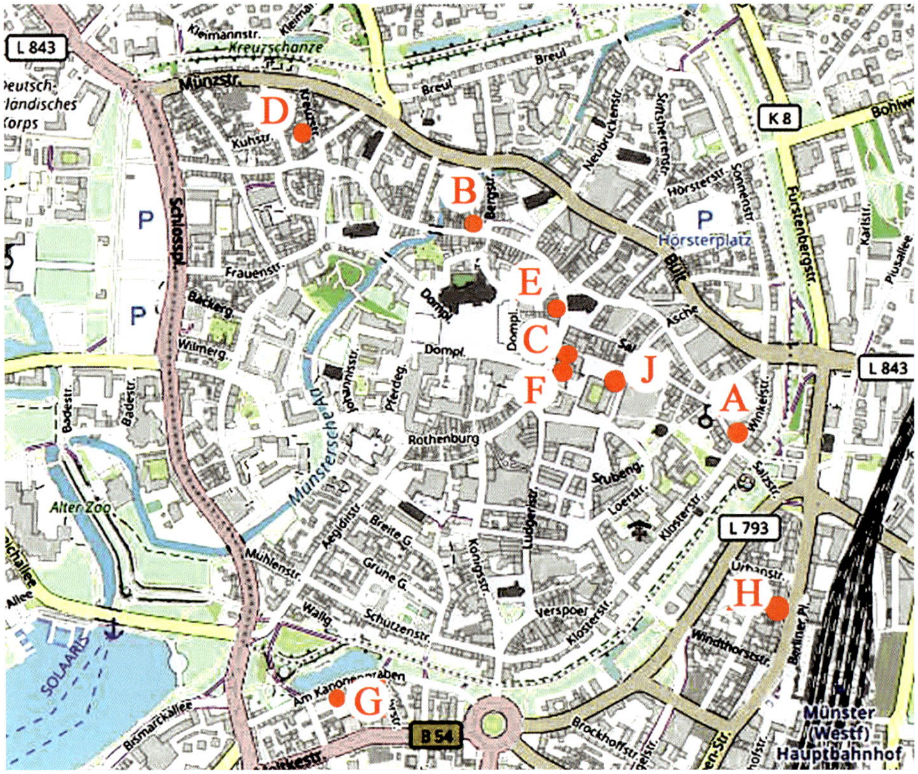

A Stadtmuseum Münster
Salzstraße 28

B Großer Kiepenkerl
in der «Bel Etage», I. OG
Spiekerhof 45

C Gaststätte Stuhlmacher
Prinzipalmarkt 6/7

D Gaststätte Pinkus Müller,
Altbierküche
Kreuzstraße 4-10

E Kösters – Das Haus für Wohnkultur
Prinzipalmarkt 45-46

F Stadtweinhaus Prinzipalmarkt

G Zwei-Löwen-Klub
Am Kanonengraben 9

H Hotel Kaiserhof
(im Kardinal-von-Galen-Tagungsraum)
Bahnhofstr. 14

I nicht öffentliche Fundstücke
in Privatbesitz

J Grotemeyer-Lounge im «1648»,
12. Etage des Stadthaus I, Heinrich-Brüning-Straße 4 / Klemensstraße
360 Grad Panoramablick und Torten
nach Grotemeyer-Art

A

Fritz und Else Grotemeyer, undat. und unsign. Öl auf Leinwand

Prinzipalmarkt, dat. und sign., 1939, Öl auf Leinwand

Friedensverhandlungen im Rathaus, undat. und unsign. (1895–1902), Öl auf Leinwand

A

Die Münster-Stube in Riga, dat. und sign. 1938, Öl auf Leinwand, Verein der Kaufmannschaft zu Münster, derzeit im Stadtmuseum Münster

Gisbert von Romberg im Paradeküreß des Westfälischen Kürassierregiments Nr. 4, dat. und sign. 1924, Öl auf Leinwand

Drubbel, dat. und sign. 1942, Öl auf Leinwand

A

Hirten, dat. und sign. 1922,
Öl auf Leinwand

Kaiserbesuch in Münster,
dat. und sig. 1907, Kreidezeichnung
OB Max Jungeblodt begrüßt den Kaiser

Jerusalem, Blick aus meinem Fenster morgens um halb sechs,
dat. und sign. 20.07.1916,
Öl auf Leinwand

B

Das Blumenbombardement des Tollen Bomberg, dat. und sign. 1924, Öl auf Leinwand

Die Rasur auf dem Bock, dat. und sig. 1924, Öl auf Leinwand

Eine Hochzeitsreise in die schöne Welt, dat. und sign. 1924, Öl auf Leinwand

C

Der goldene Esel, dat. und sign. 1924

D

«Dämmerschoppen», 1947, Reproduktion

B

Der Tafelsprung des Tollen Bomberg, dat. und sign. 1924, Öl auf Leinwand

E

Antonie Kösters und Wilhelm Kösters, dat. und sign. 1939, Öl auf Leindwand, in Privatbesitz

F

Internationale Freiballon-Wettfahrt und Landung des Luftschiffs «Graf Zeppelin» auf der Loddenheide, dat. und sign. 1933, Öl auf Leinwand

G

Die Wiedertäufer,
Öl auf Leinwand

Kurfürst Clemens August inmitten seiner Jagdgesellschaft,
dat. und sign. April 1925, Öl auf Leinwand

Pulverreiten in Nordafrika,
dat. und sign. 1928,
Öl auf Leinwand

H

Einzug des Kardinals Clemens August von Galen am 16. März 1946 in das zerstörte Münster, dat. und sign. 1946, Öl auf Karton, Privatbesitz

I

Das Gemälde zeigt die Familie des Malers: im Hintergrund Else, vorn Lotte und Elfe. Reproduktion

Einmarsch der Preußen 1802, dat. und signiert 1925, Öl auf Leinwand

Ende und Anfang

1648
CAFÉ LOUNGE
GASTRONOMIE

Es gibt eine ganze Reihe von «Stationen» auf unserem Fritz-Grotemeyer-Stadtrundgang, die zum Verweilen und Genießen einladen. Jeder der angegebenen Orte hat eine ganz besondere Atmosphäre und repräsentiert in seiner Individualität auf unterschiedliche Weise Münster. Das «1648» über den Dächern der Stadt ist unter den besonderen Orten ein spezieller Fall … In der Café Lounge im 12. Stock des Stadthauses, die wie das gesamte «1648» als Inklusionsbetrieb von den «Alexianern» geführt wird, scheint das

Wie im Himmel … Die Gründerbilder in der «Grotemeyer Lounge» über den Dächern von Münster in der obersten Etage des «1648» im Stadthaus I Panoramamontage

Leben wohltuend entschleunigt. Rundum verglast, bietet die «Grotemeyer-Lounge» als höchstgelegenes Lokal der Stadt einen spektakulären Blick. Hier haben die Gemälde der Kaffeehausgründer Albert und Bertha Grotemeyer als Dauerleihgabe von Gabriele Kahlert-Dunkel einen neuen Platz gefunden.

Wer sich in einen der bequemen Sessel setzt und seinen Blick über die Dächer der Stadt schweifen lässt, findet etwas, was es früher im Kaffeehaus Grotemeyer gab: Muße. Das hätte Fritz Grotemeyer sicher gefallen.

Was bleibt
Ein Nachwort von Gabriele Kahlert-Dunkel

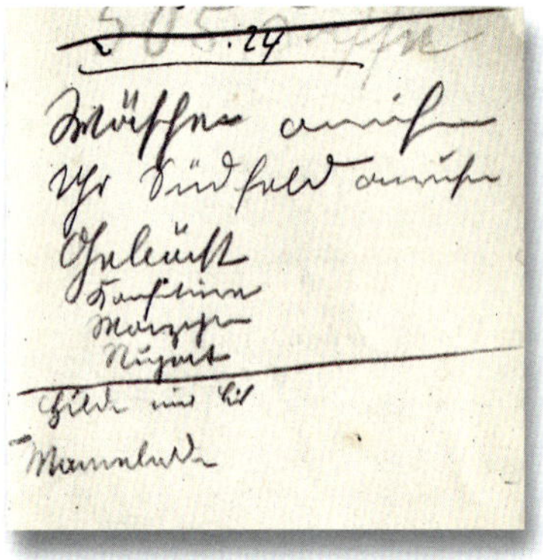

Gewachsenes Vertrauen über Generationen: Tonis Notizbuch von 1943: Hüffer anrufen – Michaels Großmutter Bertha Hüffer.

«Ich geh dann jetzt», das Foto von mir (S. 85) hat mich sehr amüsiert. Eine Photomontage von Michael Kerstiens, dem für mich wiedergewonnen Freund Mike, der ein enger Schulfreund meines Bruders Reinolf war. Michael hat mir mit seiner Photokunst Blumen in die Hand gedrückt und seine Frau Dorothée hat dazu geschrieben.

Ende März 2019 ist das Originalfoto entstanden und Anfang Mai war ich bei Dorothée und Mike zum High Tea eingeladen. Es war nicht die erste und einzige Einladung dieser Art, aber es war eine ganz besondere.

Wir haben Erinnerungen ausgetauscht, aus Zeiten in denen unsere Großmütter, die sich schon zu gemeinsamen Kaffeekränzchen trafen, noch lebten. Es ging um das Kellnern im Café, eine Phase der gemeinsamen Studienzeit mit Mike. Es gab so viel, was uns verband und – ich habe Dorothée näher kennengelernt.

Natürlich habe ich auch erzählt, wie es mir in den Wochen nach der Schließung des Cafés ergangen war. Ich konnte nicht unbehelligt aus dem Haus gehen. Immer wieder wurde ich angesprochen, quasi am Ärmel festgehalten, wohin man denn jetzt gehen solle, um Grotemeyers Kuchen zu essen und das Marzipan zu kaufen und ob ich nicht wenigstens das eine oder andere Rezept preisgeben könnte. Es war überwältigend für mich, zu erfahren, welche Bedeutung dieser letzte Schritt für so viele Menschen, abgesehen von meiner Familie und mir hatte. Briefe, Telefonate mit Gästen, die vom «-weltbesten Teegebäck» sprachen und Dinge erzählen konnten, die mich sehr berührt hatten.

In der wunderbaren Atmosphäre bei Dorothée und Mike, konnte ich das alles wiedergeben und auch meine eigenen Zweifel und Gedanken zu der Frage, war es das jetzt? Welche Verantwortung habe ich? Was bedeutet Erbe? Was bleibt? Ein Buch über die ganz persönliche Grotemeyer Geschichte, mit Bildern von den Gemälden meines Großonkels Fritz und alles dekoriert mit Rezepten meines Großvaters. Das wäre schön – aber das kann ich nicht.

«Ich wüsste, wer dir dabei helfen könnte.», unterbrach mich Mike. So einfach, so selbstverständlich. Dorothée ist genau die Richtige. Sie hat Erfahrung, sie kann schreiben und Michaels Passion zur Fotografie, was für eine glückliche Kombination. Wollen wir das wirklich.? Schaffen wir das noch bis Weihnachten? 2019! Ja, wir machen das. Es begann eine intensive Zeit. Fotos aus Schubladen und Kisten wurden sortiert, Schriftstücke, Briefwechsel meiner Vorfahren gelesen, alte Kontakte wurden geknüpft und im Juni trafen wir uns zum ersten großen Sichten aller Unterlagen.

Mehr und mehr wurde klar, dass Dorothée und Michael nicht nur bei meinem Buch halfen, sondern dass es unser gemeinsames Projekt wurde. Auf unnachahmliche Art hat sich Dorothée in meine Geschichte eingefühlt und sich gleichzeitig mit den Interessen von Michael identifiziert. Denn wir waren so in die alte Welt eingetaucht, dass es an manchen Stellen auch um Michaels Wertschätzung und seiner besonderen Beziehung zu meiner Familie ging. Dorothée hat meine Tränen ausgehalten, wenn mir bewusst wurde, welche Bedeutung einige Schriftstücke und Fotos für mich hatten und es mit besonderer Sensibilität in Worte gefasst.

Dorothée und Michael bin ich unendlich dankbar, dass sie mein Buch zu ihrem, zu unserem gemacht haben. Ich empfinde es als großes Geschenk, dass wir uns gefunden haben und gemeinsam das Grotemeyer-Buch verwirklichen konnten. Das bleibt.

Danksagung

Ein nach Einschätzung erfahrener Kollegen vor allem zeitlich so «ambitioniertes» Projekt wie dieses Buch braucht Menschen, die an entscheidenden Stellen den nötigen Rückenwind geben.

Die Mitarbeit von Konditormeister Günter Brast, dem Unerschütterlichen, können wir gar nicht genug hervorheben: Die Niederschrift der ersten Rezeptversionen, die Bereitschaft zu den vielen Telefonaten, mails, whats app-Fotostrecken, die zwischen uns hin und herflogen, der wunderbare Tag in der Grotemeyer-Backstube, an dem er uns «seine» Marzipanfrüchte in der Entstehung gezeigt hat … All das und sein Humor und seine Geduld haben unsere Arbeit sehr beflügelt.

Unser besonderer Dank gilt allen Zeitzeugen und Zeitzeuginnen, die sich mit Vertrauen und großer Offenheit zu Interviews und Gesprächen bereit erklärt haben und Fotos beisteuerten. Ohne Euch hätten wir dieses Buch so nicht schreiben können.

Robin Thier, Tomas Samek und Andreas Reimer vom Stadtmuseum Münster haben freundlicherweise Gemälde von Fritz Grotemeyer aus den Museums-Archiven in Lichtgeschwindigkeit professionell fotografiert, drucktechnisch bearbeitet und uns zur Verfügung gestellt. Bernd Thiers deutlich ausgedrücktes Interesse an der Grotemeyer-Veröffentlichung hat dazu beigetragen, die Maler-Kapitel noch prominenter zu gestalten als ursprünglich geplant. Regine Schiel gilt unserer besonderer Dank für die Unterstützung der Foto-Recherche und den für uns sensationellen Fund der alten Kaffeehausaufnahmen vom Café Grotemeyer am Drubbel.

Frau Petra König danken wir besonders für die schnelle und unbürokratische Hilfe bei Reproduktionen aus dem Stadtarchiv Münster.

Christian Steinhagen hat uns bei der Fotorecherche im Archiv der Westfälischen Nachrichten unterstützt und ebenso wie Achim Gottwald die finalen Satzfahnen professionell Korrektur gelesen – danke für dieses Geschenk!

Frauke Czwikla und Lucas Biermann von der Setzerei Dörlemann in Lemförde haben uns mit wohltuender Gelassenheit durch die heikle Satzphase geleitet und unser Buch im Layout so schön gemacht, wie wir es uns gewünscht haben. Danke für die große Unterstützung!

Unser «Hamburger Zuckerbäcker» Nico Tillmann hat, während wir noch bis zum Kragen in der Redaktionsarbeit standen, ganz nebenbei unsere Grotemeyer-das-Buch Homepage programmiert. Einfach toll.

Der Maler Bernhard Scholz ist vielen Münsteranern durch seine Bilderzyklen zu Conrad Schlaun und Annette von Droste Hülshoff sowie durch seine wunderbar belebten Stadtansichten vom alten Münster bekannt. Er hat spontan zugesagt, als wir ihn baten, das Grotemeyer-Titelbild für uns zu malen: Den Blick aus dem Kaffeehaus mit seinen bunten Schaufenstern auf den Erbdrostenhof. Vielen, vielen Dank dafür.

Der Kulturabteilung des LWL sowie der Kulturstiftung der Westfälischen Provinzial Versicherung gilt unser besonderer Dank für die Zusage von Druckkostenzuschüssen. Das schnelle und eindeutige Urteil, unser Projekt sei für die Stadt Münster interessant und kulturhistorisch förderungswürdig, hat uns sehr ermutigt.

Mit der Druckerei und Buchbinderei Joh. Burlage aus Münster haben wir einen Partner gefunden, der unser Buch nicht nur klimaneutral und umweltschonend gedruckt hat, sondern uns darüber hinaus mit dem Sponsoring von Werbematerialien unterstützt hat. Wir danken dem gesamten Team herzlich und empfehlen die Freundlichkeit, Professionalität und Qualität Ihres Traditionsunternehmens sehr gern weiter.

Quellenverzeichnis

aprikoR Agentur für private Kommunikation. Annelie Kahlert, geb. Grotemeyer 1918–2000. Portrait einer Münsteraner Caféhausbesitzerin

Akte Ämter 43G Nr. 6, Stadtarchiv Münster. Darin u. a.: Brief des Stadtrats vom 09.07.1943 an das Café Grotemeyer. Briefwechsel bezüglich der Sicherung von 3 Gemälden in Schloss Wöbbel i. Lippe. / Brief von Fritz Grotemeyer an Dr. Constantin Terhardt / Fritz Grotemeyer: Erinnerungen

Christian Steinhagen. Münster 1914–1918. Eine Stadt im Krieg. Aschendorff Verlag. 2014.

Christian Steinhagen. Münster im Dritten Reich. Ein Stadtführer. Aschendorff Verlag. 2. Auflage, 2013.

Dr. Constantin Terhardt. «Licht, Linie, Leben». Eine Erinnerung an Fritz Grotemeyer. 1950/51. Stadtmuseum Münster

Frauenbilder. Geschichte(n) aus Münster. Ardey Verlag 2007.

Gerhard Eckert: Freude mit Café und Kuchen. Im Test: Die 111 der besten deutschen Konditorei-Cafés und ihr Ambiente – mit 68 weiteren Tips. 2. Auflage. Verlag Bücherschiff Karlsruhe. 1990 S. 99

Fritz Grotemeyer 1864–1947. Eine Auswahl aus der Sammlung des Stadtmuseums. 21. August – 24. Flyer zur Ausstellung. Dezember 1986.

Fritz Kempmann: Der Maler Fritz Grotemeyer. Sein Leben und Werk. Kunstgeschichte Bd. 82. Lit Verlag. Münster 2008.

Fritz Kempmann. Der Maler Fritz Grotemeyer. Werkverzeichnis. Stadtarchiv Münster

Wibke Becker, Axel Schollmeier. Die wilden Jahre. Münster in Fotos 1968–1977. S. 77

Stadtarchiv Münster. Akte Städtischer Kunstbesitz. 1945-1950.
Stadtarchiv Münster. Kriegschronik online 1914–1918.
Stadtarchiv Münster (Hrsg.): Häuserbuch der Stadt Münster. Sabine Jarnot: Die Salzstraße mit Lambertikirchplatz, Hölzernes Wams, Bolandgasse, Winkelstraße, Arztkarrengasse, Servatiikirchplatz, Kleiboltengasse, Ringoldgasse und Loergasse. Aschendorff Verlag. Münster 2002
Stadtarchiv Münster (Hrsg.): Häuserbuch der Stadt Münster. Ralf Klötzer: Drubbel, Roggenmarkt, Alter Fischmarkt. Aschendorff Verlag. Münster 2008
Wirtschaftsspiegel 7/1991, Seite 40: Gastrotip: Lortzingsaal
Wolfgang Weikert, Bernd Haunfelder: Café Schucan – Eine Legende Aschendorffsche Verlagsbuchhandlung GmbH und Co., Münster 1995 / S. 53
Peter Werland, Walter Werland: Die Geschichte der Familie ist ein Stück Alt-Münster. Zuckerbäckerei Albert Grotemeyer. WN 03.09.1983
Dr. Christopher Görlich. 160 Jahre Café Grotemeyer. Festschriftentwurf. Stadtarchiv Münster.
Zeitschrift «Das schöne Münster». 9. Jg. November 1937: Grotemeyer und Münster. Herausgegeben vom Städtischen Verkehrsamt in Verbindung mit dem Verkehrsverein.
Julius Nolden: Fritz Grotemeyer. Zeitschrift «Moderne Kunst», Richard Bong Verlag Berlin. 19. Jg. 1905, Heft 67/68.
«Münsterschen Anzeiger» vom 17.10.1937
«Westfälische Nachrichen» vom 11.06.1970
Zeitzeugengespräche mit Günter Brast, Egbert Cardaun, Lothar Dunkel, Felix Esch, Dr. Gabriele Kahlert-Dunkel, Annette Kesting, Luise Voss und Helga Westphal

Alle weiteren Dokumente und Briefe stammen aus dem Privatarchiv von Dr. Gabriele Kahlert-Dunkel

Bildnachweis

Die Verfasser haben die Urheberrechte sorgfältig recherchiert. Sollte ein Bild versehentlich nicht dem eigentlichen Verfasser zugeordnet worden sein, bitten wir darum, sich an den Verlag zu wenden.

Die Zahlen bezeichnen die Seiten, auf denen die Abbildungen erscheinen

(o = oben, M = Mitte, r = rechts, l = links, u = unten)

Stadtmuseum Münster, Tomas Samek, Andreas Reimer und Robin Thier S. 6 / S. 7 o. / S. 12 / S. 20 / S. 23 u. / S. 157 r. u. / S. 167 / S. 168 / S. 169 / S. 171 u. / S. 174
Stadtmuseum Münster, Andreas Reimer S. 6 / Buchrücken, 3. Foto v. o.
Gemälde in Privatbesitz, Fotos Michael Kerstiens S. 170 / S. 171 o. / S. 172 / S. 173 / die dazugehörigen Standortangaben sind auf S. 166 verzeichnet
Stadtarchiv Münster, Foto Axel Schollmeier S. 39
Stadtarchiv Münster S. 23 o. / S. 30 / S. 164
Aschendorff Verlag, Westfälische Nachrichten S. 15 / S. 38 o. / S. 51 / S. 70 l. / S. 88 o. / S. 160
Aschendorff Verlag, Westfälische Nachrichten, Rudolf Krause S. 39 o. / S. 48
Archiv Schloßtheater Münster S. 72 / S. 135
Archiv Schloßtheater, Fotos Karl-Heinz Schmalzried S. 70 / S. 136
Günter Brast S. 154
Lilli Bungardt S. 53
Steffi Feldhues S. 83
Alice Höbing S. 82
Monika Schiwy S. 11 u. l. / S. 61 / S. 62 u. / S. 73 u. / S. 82
Herbert Schwering S. 71 o.
Luise Voss S. 78 r.

Alle weiteren Fotos und Abbildungen stammen aus dem Archiv von Dr. Gabriele Kahlert-Dunkel sowie Michael und Dorothée Kerstiens

Stichwortverzeichnis der Rezepte *Seite:*

PELIKANHAUS
Ein Zuhause auf Zeit
am Clemenshospital

Wir unterstützen das Alexianer-Projekt
«Pelikanhaus» – «Ein Zuhause auf Zeit»
am Clemenshospital Münster

Informationen und Spendenkonto:
https://www.clemenshospital.de/pelikanhaus